국회의원 선거제도 개혁: 독일을 넘어 스칸디나비아로

국회의원
선거제도
개   혁

독 일 을 넘 어
스 칸 디 나 비 아 로

김종갑 지음

경인문화사

2019년 12월 27일 준연동형 비례대표제 도입을 내용으로 하는 공직선거법이 야당의 격렬한 반대 속에서 국회를 통과했다. 그동안 최다 득표자 1인만이 선출되는 다수대표제 위주의 방식을 고수해왔던 한국의 정치풍토에서 준연동형은 비례성을 높여 승자독식의 구조를 완화시킬 수 있을 것이라는 기대감을 갖게 했다. 그러나 기대했던 비례성 제고 효과는 나타나지 않았다. 오히려 거대 양당의 위성정당의 출현으로 민주적 선거제도의 원칙을 훼손한 개악이라는 평가까지 나왔다. 정치권 일각에서는 연동형 선거제도에 대한 부정적 평가들이 확산되어 준연동형을 폐지하고 이전의 다수제 방식으로 되돌리자는 주장도 제기된다.

이러한 상황에서 중요한 것은 준연동형의 문제점을 면밀히 살펴보고 개선방안을 마련하는 것이다. 준연동형의 오류와 결함이 발생하게 된 원인을 분석하여 세밀하게 재설계해야 한다. 나아가, 연동형 선거제도 자체에 대한 근본적인 성찰도 필요하다. 연동형이 우리와 같은 지역구와 비례대표의 혼합식 선거제도에서 인물대표성과 비례성을 조화롭게 구현하는 대안으로 여겨져 왔지만 더 나은 제도 대안은 없는지 궁구해볼 필요가 있다.

이 책은 아직까지 국내에 정확히 알려져 있지 않은 보정형 선거제도를 소개하고, 우리에게 적합한 방식으로 설계하여 현행 준연동형 비례대표제의 개선대안으로 제시한다. 보정형은 의석배분방식이나 초과의석 처리에 있어서 연동형과 유사하다. 그러나 보정형에서 보정의석이 갖는 의미와 기능은 연동형의 비례의석과 다르다. 연동형에서 비례의석은 득표와 의석점유의 비례성을 제고하기 위한 목적으로 제도의 원활한 작동을 위해 일정 수 이상 확보되어야 한다는 개념으로 인식된다.

그에 비해 보정형에서 보정의석은 기본의석 배분과정에서 발생하는 불비례를 완화 또는 보정하기 위한 목적으로 사용되므로 그 규모를 특정하지 않는다. 보정형에서는 보정의석의 규모가 작다고해서 보정 메커니즘이 작동하지 않는 것이 아니다. 극단적으로 보정의석이 1석이라 해도 보정의 효과를 보일 수 있다. 이러한 보정형을 채택하고 있는 대표적인 국가로는 스웨덴, 덴마크, 노르웨이, 아이슬란드를 들 수 있다.

이 책은 연동형의 특징과 의석배분의 원리와 과정에 대한 이해를 높이기 위해 다양한 외국사례를 제시했다. 보정형은 선거제도 연구자들에게도 깊이 다루어지지 않은 분야인 만큼 이 책을 통해 의석배분방식에 대한 이해를 높이고 선거제도 설계의 창의적 사고를 넓힐 수 있는 계기가 되기를 기대한다.

이 책은 총 5장으로 구성되어 있다. 다음 제1장에서는 2020년 제21대 총선에 적용된 준연동형 비례대표제의 오류와 문제점을 세밀하게 분석하는 것으로 시작한다. 정치권의 준연동형 도입논의와 선거법 개정과정을 살펴보고, 준연동형이 연동효과를 나타내지 못하고 실패한 이유를 제도적 관점에서 규명한다. 또한 국회에서 발의된 연동형 선거제도 개정안들의 장단점을 살펴보고, 연동형 비례제에 대해 잘못 알려진 오해들을 바로잡는다. 또한 준연동형과 함께 등장한 위성정당의 다양한 사례와 차단방안을 제시한다. 제2장에서는 준연동형의 모델이 된 독일식 연동형의 특징을 살펴본다. 독일에서 보정의석 방식이 도입되는 계기가 된 '부정적 득표비중' 현상을 살펴보고, 지난 세 차례 개정된 연방선거법의 주요 내용과 최근 총선 결과를 분석한다. 제3장에서는 선거제도 유형에 따른 초과의석 발생과 처리방식을 스코틀랜드와 오스트리아, 독일을 대상으로 어떤 특징과 함의를 갖는지 비교 분석한다. 제4장에서는 보정형 국가인 스웨덴, 덴마크, 노르웨이, 아이슬란드의 최근 총선을 중심으로 의석배분절차와 초과의석 처리방식을 소개한다. 마지막 제5장에서는 스칸디나비아 보정형과 독일식 연동형의 효과를 비교·분석하고, 2020년 한국 총선에 적용한 시뮬레이션 분석을 통해 한국에 적합한 보정방식 및 보정의석의 적정수 등 구체적 대안을 제시한다.

| 차　례 |

PART 1
준연동형 비례대표제의
2020년 총선 도입

1. 2014년 헌법재판소 결정과 선거제도 개혁

2014년 10월 30일 헌법재판소는 국회의원선거의 선거구획정에 적용되어 왔던 인구편차기준 3:1에 대해 유권자들의 평등권을 침해한다는 이유로 헌법불합치 결정을 내렸다. 헌법재판소의 결정은 선거제도 개혁 논의를 촉발시키는 계기가 되었다. 헌법재판소의 결정 이후 2015년 중앙선거관리위원회는 국회의원 선거제도 개선방안으로 독일식 연동형을 제안했다.

> **:: 중앙선관위의 독일식 연동형**
> * 중앙선관위가 제안한 독일식 연동형은 2015년 당시 독일에서 사용하고 있는 연방하원 선거제도를 말한다. 당시 독일 연방하원 선거제도는 정당이 연방단위에서 의석을 획득하면 정당별로 각주에 하위배분하는 방식이었다.
> * 주 단위에서 정당의 득표율에 따른 배분의석에서 지역구의석을 감산한 숫자가 비례의석이 된다. 배분의석보다 지역구의석이 많아 초과의석이 발생하면 인정한다. 초과의석을 인정하기 때문에 전체 의원정수가 선거 때마다 유동적이다. 독일이 연방(전국)이 아닌 주(권역) 단위로 비례의석을 배분하기 때문에 권역별 비례제라고 표현되기도 한다.

독일식 연동형은 거대 양당 중심의 정당체제가 갖는 한계를 극복하기 위한 방안으로 논의되었다. 양당체제 하에서는 사회의 다양한 목소

리와 이익을 담기 어렵다. 특정 계층과 집단의 이익이 우선되어 민의가 왜곡될 수밖에 없다. 이러한 양당제 고착의 폐해를 완화할 수 있는 선거제도로 연동형이 대안으로 부상했다. 연동형은 사회의 소수집단의 의사를 수렴·표출하는 정치환경을 구축할 수 있게 한다.

2. 준연동형 비례제 도입과 연동효과의 무력화

2019. 8. 4. 여야 4당(더불어민주당, 바른미래당, 민주평화당, 정의당)이 합의한 준연동형 비례제는 자유한국당의 격렬한 반대에도 패스트트랙(신속처리안건)으로 지정되어 2019. 12. 27. 본회의를 통과했다. 국회를 최종 통과한 준연동형은 지역구대표와 비례대표 국회의원 수를 253명과 47명으로 하고, 2020년 국회의원선거에 한해 비례의석 30석에 대해서만 연동형 비례제를 적용하는 내용이었다.

2020. 4. 15. 제21대 총선 결과 더불어민주당은 지역구의석 163석에 위성정당인 더불어시민당의 17석을 합하여 180석으로 원내 제1당이 되었다. 미래통합당은 지역구의석 84석에 위성정당인 미래한국당의 의석을 추가해 103석을 가져갔다. 그에 비해 소수정당인 국민의당과 정의당은 각각 3석, 5석의 비례의석을 가져갔다. 거대 양당이 위성정당을 통해 가져간 비례의석수는 전체 47석 중 76.6%에 달하는 36석이었다. 이는 준연동형의 연동효과가 발현되었다고 할 수 없는 결과다. 승자독식의 기존 선거제도를 개혁하지 못했다는 점에서 제도개혁

의 실패로 밖에 평가할 수 없다.

〈표 1〉 2020년 제21대 총선 결과

	정당득표	지역구의석	비례의석	계
더불어민주당	0	163	0	163
더불어시민당	9,307,112	0	17	17
열린민주당	1,512,763	0	3	3
미래통합당	0	84	0	84
미래한국당	9,441,520	0	19	19
국민의당	1,896,719	0	3	3
정의당	2,697,956	1	5	6
무소속	0	5	-	5
계	24,856,070	253	47	300

∷ 준연동형이 일반적인 연동형과 다른 점은?

* 일반적인 형태의 연동형이라고하면 독일이 2013년 총선에 보정의석모델을 도입하기 전 2009년 총선까지 실시했던 방식을 지칭한다고 할 수 있다. 즉, 연방단위에서 정당득표율에 따라 각 정당의 배분의석을 산정하고 이를 16개 주에 하위배분한 후 지역구의석을 감산한 숫자로 비례의석을 산출하는 방식이다. 배분의석보다 지역구의석이 많아 초과의석이 발생하면 정원 외 추가의석으로 인정하고 보정하지 않는다.

* 준연동형은 정당득표율에 따른 배분의석에서 지역구의석을 뺀 숫자 중 '절반은 연동형, 나머지 절반은 병립형'으로 배분하는 방식이다. 예컨대, 총의석 300석에 지역구의석 200석, 비례의석 100석, A당이 정당득표율 20%로 60(300×0.2)석을 할당받았고 지역구에서 30석을 얻었다면 A당은 일반적인 연동형이라면 30석(60-30)을 연동배분의석으로 가져간다. 그러나 준연동형에서는 30석 중 15석은 연동배분의석, 나머지 15석은 병립배분의석으로 나뉜다.

준연동형 실험이 실패로 귀결된 이유는 위성정당이 출현했기 때문이기도 하지만, 준연동형 자체에도 심각한 문제가 있기 때문이다. 준연동형과 같은 연동방식이 병립형과 구분되는 가장 핵심적인 특징은

지역구의석과 비례의석간 상쇄(offset)에 있다. 즉, 연동형에서는 지역구의석이 늘어나면 비례의석이 줄어들고, 반대로 지역구의석이 줄어들면 그만큼 비례의석이 늘어나야 하는데, 이는 상쇄가 작동하기 때문이다.

:: 초과의석 발생

* 초과의석은 연동형에서만 나타나는 현상이 아니다. 초과의석은 스웨덴, 덴마크, 오스트리아, 에스토니아 등 비례대표제 국가에서도 발생한다. 이들 국가에서도 준연동형과 마찬가지로 초과의석이 발생하면 다른 정당의 비례의석을 감산하여 총의석의 확대를 막는다.

* 연동형에서 상쇄란 지역구의석과 비례의석이 배분의석 내에서 상호 조정되는 메커니즘을 의미한다. 상쇄의 목적은 특정 정당의 의석증가가 총의석 증가로 이어지는 것을 막기위한 것이다. 독일은 초과의석이 발생하면 '주(州)간 차감'과 '정당간 보정'을 적용한다. 그에 비해 한국은 '정당간 차감'을 적용한다.

* 연동형에서 득표율로 정해진 배분의석 중 지역구의석을 감산한 나머지의석이 비례의석이 된다. 따라서 상쇄가 작동해야 지역구의석이 많을수록 그만큼 비례의석이 적어지고, 반대로 지역구의석이 적을수록 비례의석이 많아지게 된다.

연동형에서 상쇄가 작동한다면 지역구의석이 증가할 때 비례의석이 감소해야 한다. 그리고 총의석은 변동이 없어야 한다. 〈표 2〉에서 P_1당의 득표 비례 배분의석이 70석, 지역구의석과 비례의석이 각각 40석, 30석이다. P_2당은 배분의석 30석, 지역구의석과 비례의석이 10석, 20석이다. 그런데 P_1당의 지역구의석이 50석이고 P_2당의 지역구의석이 0석이라고 가정하자. 그러면 P_1당의 비례의석은 30석에서 20석(70-50)으로 10석 줄고, P_2당의 비례의석은 20석에서 30석(30-0)으로 10석 늘어난다. 그러나 두 정당의 총의석은 변동이 없다. 상쇄가 작동하기 때문이다. 반면, 상쇄가 작동하지 않는 병립형의 경우 정당의 지역구

의석이 늘어나면 총의석이 늘어난다. 비례의석은 변하지 않는다. P_1당의 지역구의석이 40석에서 50석으로 늘어나면 총의석만 75석에서 85석으로 증가한다.

〈표 2〉 연동형의 지역구의석과 비례의석간 상쇄 예시

	정당	정당득표율	배분의석 (A)	지역구의석 (B)	비례의석 (C=A-B)	계 (B+C)
연동형	P_1	70%	70석	40석	30석(70-40)	70석
	P_2	30%	30석	10석	20석(30-10)	30석
	계	100%	100석	50석	50석	100석
병립형	P_1	70%	-	40석	35석(50×0.7)	75석
	P_2	30%	-	10석	15석(50×0.3)	25석
	계	100%	-	50석	50석	100석

연동형은 다양한 하위유형의 연동방식으로 설계될 수 있지만, 기본적인 구조는 '지역구의석과 비례의석간 상쇄'라고 할 수 있다. 상쇄는 득표율로 산정한 배분의석에서 지역구의석을 감산해 비례의석을 산출하는 연동형의 구조를 갖추고 있다면 예외없이 작동해야 한다. 헤어-니마이어식이나 동트식 등 의석배분방식이 다르다고 해서 작동하지 않는 것이 아니다. 또 비례의석을 결정하는 선거구가 전국이든 권역이든 상쇄는 작동해야 한다. 준연동형처럼 일부는 병립형이고 일부만 연동형이라고 해도 상쇄는 작동해야 한다.[01]

01 다만 초과의석이 발생한 경우라면 상쇄가 작동하지 않을 수 있다.

〈표 3〉 준연동형 적용 제21대 국회의원선거

		더불어민주당	미래통합당	미래한국당	더불어시민당	정의당	국민의당	열린민주당	계
정당득표				9,441,520	9,307,112	2,697,956	1,896,719	1,512,763	24,856,070
득표율(%)				0.3798	0.3744	0.1085	0.0763	0.0609	1
배분의석				112.054	110.459	32.020	22.510	17.953	295
지역구의석		163	84	0	0	1	0	0	248
배분-지역				112.054	110.459	31.020	22.510	17.953	
연동배분	1단계			56.027	55.230	15.510	11.255	9.000	
	2단계			56.000	55.000	16.000	11.000	9.000	147
	3단계			11.429	11.224	3.265	2.245	1.837	30
	4단계			11.000	11.000	3.000	2.000	1.000	28
	5단계			0.429	0.224	0.265	0.245	0.837	2
	6단계			12	11	3	2	2	30
병립배분	1단계			6.4574	6.3655	1.8452	1.2972	1.0346	17
	2단계			6.0000	6.0000	1.0000	1.0000	1.0000	15
	3단계			0.4574	0.3655	0.8452	0.2972	0.0346	2
	4단계			7	6	2	1	1	17
비례의석				19	17	5	3	3	47(30+17)
총의석		163	84	19	17	6	3	3	300

자료) 중앙선거관리위원회 법제과(2020.6.).
주) 헤어-니마이어식 적용. 배분의석 295석은 무소속 5석을 제외한 숫자. 147석은 정당득표율에 따른 배분의석(지역구+비례)에서 무소속 5석을 뺀 295석을 2로 나눈 정수 값(소수점 첫째 자리에서 반올림).

준연동형이 적용된 제21대 총선의 의석배분은 6단계로 구분된다. 먼저, 300석에서 무소속의석 5석을 제외한 295석을 정당득표율에 따라 산정한 배분의석에서 지역구의석을 감산한다. 〈표 3〉에서 미래한국당 112.054, 더불어시민당 110.459, 정의당 31.020, 국민의당 22.510, 열린민주당 17.953이 배분의석에서 지역구의석을 감산한 결과다. 여기서 절반이 연동배분의석이 된다. 일반적인 연동형이라면 배분의석에서 지역구의석을 감산한 숫자가 전부 연동배분의석이 되는데 반해, 준연동형은 배분의석에서 지역구의석을 감산한 숫자에서 절반만 연동배분의석이 된다. 그런데 연동배분의석이 절반을 넘을 경우 의석수 비례로 30석으로 축소 조정한다. 〈표 3〉에서 연동배분의석 147석은 30석으로 조정된다. 연동배분의석 30석이 결정되면 그 다음으로 병립배분의석 17석을 배분한다. 17석은 정당별 득표비율에 따라 배분하는데, 정수부분을 먼저 각 정당에 할당하고, 잔여의석 2석은 소수점 이하가 큰 순으로 배분한다.

:: **중앙선거관리위원회의 준연동형 의석배분절차**

(1단계) 30석에 대해 전국단위 준연동형 방식으로 각 정당별 연동배분의석수 산정

(2-1단계) 각 정당별 연동배분의석수의 합계가 30석 보다 적은 경우: 잔여의석에 대해 기존 의석배분방식(병립형) 적용 배분

(2-2단계) 각 정당별 연동배분의석수의 합계가 30석 보다 많은 경우: 각 정당별 연동배분의석수 비율대로 조정의석수를 구하여 배분

(3단계) 17석에 대해 기존 의석배분방식(병립형) 적용 배분

연동형의 핵심 특징이 상쇄이기 때문에 준연동형의 연동배분과정이 제대로 설계되었는지 검증하려면 상쇄메커니즘이 제대로 작동하는지 확인해보면 된다. 방법은 지역구의석을 늘려 비례의석수 또는 총의석수의 변화가 어떻게 나타나는지 시뮬레이션을 실시해보면 된다. 만약 지역구의석을 늘렸을 때 비례의석이 그만큼 줄어든다면 연동형이 맞다. 비례의석은 정당득표율로 산정한 배분의석에서 지역구의석을 뺀 숫자

이기 때문이다. 하지만 지역구의석이 증가하는데 비례의석의 변동이 없고 총의석이 늘어난다면 연동형이 아닌 병립형이라고 할 수 있다.

준연동형에서는 연동형의 일반적 특징인 초과의석이 발생하지만, 그것만으로 연동형을 규정하는 기준이 될 수는 없다. 준연동형(의 연동 배분)이 '진짜' 연동형으로 평가받으려면 연동형의 대원칙인 지역구의석이 증가할 때 비례의석이 감소해야한다. 물론 초과의석이 발생하지 않은 경우를 의미한다.

그런데 준연동형은 이러한 원칙에서 벗어난다. 지역구의석이 증가해도 비례의석은 반응하지 않고 총의석만 증가하는 병립형의 전형적인 특징이 나타나기도 하고, 비례의석과 총의석이 모두 변하는 불규칙한 특성을 보이기도 한다. 이는 준연동형이 연동형의 일종도 아니고 병립형도 아닌 기형적인 방식이라는 것을 말한다. 준연동형을 개선하지 않으면 다음 2024년 총선에서도 동일한 문제를 보일 것이다.

〈표 4〉는 2020년 총선에서 위성정당이 출현하지 않았다고 가정하고 더불어민주당의 지역구의석을 3석 줄이고 정의당의 지역구의석을 3석 늘려 준연동형을 적용한 결과이다. 시뮬레이션 결과, 지역구의석 증가에 비례의석은 물론 총의석도 변동하는 것으로 나타난다. 그러나 상쇄가 작동하는 연동형이라면 총의석의 변동은 나타나지 않아야 한다.

〈표 4〉 준연동형의 연동 작동 여부 검증

• 2020년 준연동형 적용 결과

	미래통합당	더불어민주당	정의당	국민의당	열린민주당	계
정당득표	9,441,520	9,307,112	2,697,956	1,896,719	1,512,763	24,856,070
득표율(%)	0.3798	0.3744	0.1085	0.0763	0.0609	1
295	112.0551	110.4599	32.0202	22.5109	17.9540	
지역구(A)	84	163	1	0	0	248
295-지역구	28.0551	0.0000	31.0202	22.5109	17.9540	99.5401
	28		31	23	18	100
절반	14.0275	0.0000	15.5101	11.2554	8.9770	50
정수	14	0	16	11	9	50
연동배분(B)	8.400	0.000	9.600	6.600	5.400	30.000
	8	0	9	6	5	28
	0	0	1	1	0	2
	8	0	10	7	5	30
병립배분(C)	6.4574	6.3655	1.8452	1.2972	1.0346	17
	6	6	1	1	1	15
	1	1				2
	7	6	2	1	1	17
	15	6	12	8	6	47
계(A+B+C)	99	169	13	8	6	295

• 정의당 지역구의석 3석 증가(민주당 지역구의석 3석 감소)

	미래통합당	더불어민주당	정의당	국민의당	열린민주당	계
정당득표	9,441,520	9,307,112	2,697,956	1,896,719	1,512,763	24,856,070
득표율(%)	0.3798	0.374440207	0.1085	0.0763	0.0609	1
295	112.0551	110.4599	32.0202	22.5109	17.9540	
지역구(A)	84	160	4	0	0	248
295-지역구	28.0551	0.0000	28.0202	22.5109	17.9540	96.5401
	28		28	23	18	97
절반	14.0275	0.0000	14.0101	11.2554	8.9770	48
정수	14.000	0.000	14.000	11.000	9.000	48.000

	미래통합당	더불어민주당	정의당	국민의당	열린민주당	계
	8.750	0.000	8.750	6.875	5.625	30,000
연동배분(B)	8	0	8	6	5	27
	1	0	1	1	0	3
	9	0	9	7	5	30
	6.4574	6.3655	1.8452	1.2972	1.0346	17
병립배분(C)	6	6	1	1	1	15
	1		1			2
	7	6	2	1	1	17
계(A+B+C)	100	166	15	8	6	295

주) 총의석 295석은 무소속 5석을 제외한 숫자.

:: 국회 정치개혁특위 위원장 중재안

* 2015년 11월 국회정치개혁특별위원회 이병석 위원장이 제안한 연동방안은 현행 총의석 300석을 유지하면서 지역구의석을 260석으로 늘리고 비례의석을 40석으로 줄이는 대신 의석배분방식의 변경을 통해 비례성을 높이는 방안이다. 구체적인 의석배분을 보면, 정당득표율에 따른 배분의석을 기준으로 지역구와 비례대표 의석수가 과반에 미치지 못한 정당에 비례의석(균형의석)을 우선 배분하여 과반이 되도록 조정한다. 조정 후 남는 비례의석은 정당득표율에 따라 비례배분한다.

* 이병석 위원장의 중재안에 따르면 득표 대비 의석점유가 통상 과반을 넘는 거대정당은 비례의석 배분에서 제외되므로 군소정당에 유리한 결과를 가져온다. 또한 부분적인 연동방식이고 연동형과 병립형을 순차적으로 적용하는 방식이기 때문에 초과의석이 발생할 가능성은 없다. 그러나 비례의석 배분의 기준이 50%이고 거대정당이 배분에서 제외되기 때문에 불비례성 완화효과는 미미하다.

  준연동형은 초과의석을 처리하는 방식도 특이하다. 2020년 총선의 의석배분 결과를 보면 더불어민주당의 초과의석 발생으로 증가한 의석수만큼 초과의석이 발생하지 않은 미래통합당, 정의당, 국민의당, 열린민주당의 비례의석을 줄인 것이라고 할 수 있다. 즉, 배분의석 295석에서 지역구의석(정의당 1석)을 뺀 294석 중 절반인 147석을 연동배

분의석 30석으로 강제 축소하고, 병립배분의석 17석도 결정함으로써 초과의석 발생으로 인한 의석수 증가를 차단한 것이다. 이는 스코틀랜드방식으로 분류되는 초과의석 처리방식과 유사하다.

이처럼 준연동형에서는 초과의석이 발생하면 비례의석을 줄이는 방법으로 처리하지만, 그 과정이 스코틀랜드 방식에서처럼 직접적이지 않다. 이는 준연동형을 설계할 때 스코틀랜드 연동형을 초과의석을 처리하는 모델로 설정하지는 않았다는 것을 말한다.

준연동형의 문제점은 의석배분에 사용된 헤어-니마이어식(Hare-Niemeyer method)에서도 확인된다. 준연동형은 배분의석 산정에서부터 지역구의석을 감산하는 과정을 거쳐 절반으로 나누는 1단계에까지 소수점 이하 수를 포함하는 방식으로 계산한다. 그로 인해 연동배분 최종단계에서 미래한국당의 연동배분의석은 11석이 아닌 12석이 되었고, 국민의당은 3석이 아니라 2석을 가져가는 오류가 발생했다.

준연동형의 조정의석 산정도 설계상의 오류로 지적된다. 조정의석을 득표율이 아닌 비례성과 무관한 의석률을 기준으로 산정하는 방식도 합리적 근거에 기인한 것으로 보기 어렵다.

〈표 5〉 헤어-니마이어식 적용 오류 사례(2020년 총선)

• 준연동형 연동배분의석 산정

	미래한국당	더불어시민당	정의당	국민의당	열린민주당	계
정당득표	9,441,520	9,307,112	2,697,956	1,896,719	1,512,763	24,856,070
득표율(%)	0.3798	0.3744	0.1085	0.0763	0.0609	1
배분의석	112.054	110.459	32.020	22.510	17.953	295
지역구의석	0	0	1	0	0	248
배분-지역	112.054	110.459	31.020	22.510	17.953	
1단계	56.027	55.230	15.510	11.255	9.000	
2단계	56.000	55.000	16.000	11.000	9.000	147
3단계	11.429	11.224	3.265	2.245	1.837	30
4단계	11.000	11.000	3.000	2.000	1.000	28
5단계	0.429	0.224	0.265	0.245	0.837	2
6단계	12	11	3	2	2	30

• 오류 수정

	미래한국당	더불어시민당	정의당	국민의당	열린민주당	계
정당득표	9,441,520	9,307,112	2,697,956	1,896,719	1,512,763	24,856,070
득표율	37.9848	37.4440	10.8543	7.6308	6.0861	
배분의석 (소수점포함)	112.0551	110.4599	32.0202	22.5109	17.9540	
배분의석 (정수)	112	110	32	23	18	295
지역구의석	0	0	1	0	0	248
배분-지역(A)	112	110	31	23	18	294
연동배분 (A/2) 1단계	56.000	55.000	15.500	11.500	9.000	
2단계	56.000	55.000	16.000	12.000	9.000	148
3단계	11.351	11.149	3.243	2.449	1.824	30
4단계	11.000	11.000	3.000	2.000	1.000	28
5단계	0.351	0.149	0.243	0.449	0.824	2
6단계	11	11	3	3	2	30

:: 2020년 총선의 준연동형 비례제는 왜 실패했나?

* 준연동형은 연동과 병립의 장점을 취하려는 의도였으나, 연동과 병립의 기형적 결합으로 각각의 특성을 살리지 못했다. 준연동형은 연동형의 기본적인 특징인 상쇄 메커니즘이 작동하지 않는 제도설계의 오류를 보인다.
* 준연동형이 연동형의 특성을 보이지 못한 이유는 '연동형과 병립형의 기형적 결합', '헤어-니마이어 의석배분방식의 적용 오류', '득표율이 아닌 의석률에 따른 조정의석 산정'에 기인한다고 볼 수 있다.
* 현행 제도의 문제점을 위성정당 창당에 기인하는 문제로만 인식하고 오류를 교정하지 않으면 2024년 국회의원선거에서도 온전한 연동형을 기대할 수 없다.

3. (준)연동형의 비례의석 비율 설정 및 초과의석의 개념

연동형에 대해 잘못 알려진 대표적인 오해는 비례의석 비율의 적정성이다. 흔히 연동형이 본래의 도입 취지에 맞게 작동하려면 비례의석이 일정 수준 이상이 되어야 한다고 생각한다. 그러나 일정 수준 이상의 비례의석 비율이 연동형의 성패에 중요한 조건이 된다고 보는 것은 잘못된 인식이다. 비례의석의 비율이 낮아도 연동형이 작동하는데는 아무런 문제가 없다. 비례의석 비율 확대를 연동형 도입의 필수요건으로 보는 이유는 비율이 낮으면 과다한 초과의석의 발생으로 비례성 제고라는 연동형의 도입취지에 반한다고 보기 때문이다.

비례의석 비율 확대를 주장하는 쪽에서도 정확히 어느 정도의 비율이 최적인지는 명확하게 제시하지 못한다. 독일처럼 전체의석의 절반이어야 한다는 주장도 있고, 최소한 전체의석의 1/3수준은 되어야 한다는 의견도 있다. 2015년 중앙선거관리위원회도 독일식 연동형 도입을 내용으로 하는 정치관계법 개정의견에서 지역구와 비례대표의 비율을 2:1로 제시했다. 뚜렷한 기준 없이 모두 제각각이다.

또 연동형에서 잘못 알고 있는 개념은 초과의석이다. 많은 사람들이 연동형에서 초과의석은 지역구의석이 증가한 상태를 의미하는 것으로 이해한다. 사실 정당이 득표율에 따라 배분받은 배분의석보다 지역구의석이 많을 때 초과의석이라고 명명하기 때문에 초과의석을 지역구의석으로 오해하기 쉽다. 그러나 초과의석은 (표면적으로는) 지역구의석이지만 (실제로는) 비례의석이다. 지역구의석 수는 고정되어 있기때문에 늘어날 수 없다. 비례의석 수가 늘어나는 것이다. 초과의석이 발생했다는 것은 그 숫자만큼 다른 정당의 비례의석이 늘어나는 것이다. 예를 들어, 총의석이 200석이고, 지역구의석과 비례의석의 비율이 1:1, 그리고 P_1, P_2, P_3, P_4당이 얻은 득표율이 각각 40%, 30%, 20%, 10%, 지역구의석은 80석, 15석, 5석, 0석이라고 하자. 이 경우 배분의석보다 지역구의석이 많은 정당이 없기 때문에 초과의석이 발생하지 않는다. 그러나 P_1당의 지역구의석이 배분의석 80석보다 5석 많은 85석이라고 하면, 이 5석은 초과의석이 된다. 그리고 P_1당의 초과의석 발생으로 P_2당의 비례의석은 45석에서 50석으로 5석 늘어나 총의석은 100석에서 105석으로 증가하게 된다.

〈표 6〉 초과의석 발생과 비례의석 변동

• 초과 발생 없는 경우

정당	정당득표율 (%)	배분의석 (A)	지역구의석 (B)	초과의석	비례의석 (C=A-B)	계 (B+C)
P_1	40	80	80	0	0	80
P_2	30	60	15	0	45	60
P_3	20	40	5	0	35	40
P_4	10	20	0	0	20	20
계	100	200	100	0	100	200

• 초과 발생 있는 경우

정당	정당득표율 (%)	배분의석 (A)	지역구의석 (B)	초과의석	비례의석 (C=A-B)	계 (B+C)
P_1	40	80	85	5	0	85
P_2	30	60	10	0	50	60
P_3	20	40	5	0	35	40
P_4	10	20	0	0	20	20
계	100	200	100	5	105	205

4. 국회의 연동형 비례제 관련 선거법 개정안

소병훈·박주현·김상희·박주민 의원안은 준연동형이 도입되기 전에 발의된 개정안이고, 김두관·이상민·김영배 의원안은 준연동형이 적용된 2020년 총선 이후 발의된 개정안이다. 준연동형 도입 이전의 개정안 중에는 박주현 의원안이 주목할만하다. 박주현 의원안은 스코틀랜드 연동형처럼 초과의석이 발생하면 초과의석이 발생하지 않은 정당의 비례의석을 줄이는 방법('정당간 차감')으로 처리하기 때문에 총 의석의 변동을 막을 수 있는 장점을 갖는다.

또한 박주현 의원안은 총의석 규모(316석) 및 지역구의석 대비 비례의석의 비율(4:1)이 적정 수준이라는 점에서도 긍정적으로 평가할 수 있다. 다만, 전국명부방식이라는 점에서 특정 정당이 특정 지역에서 의석을 독점하는 의석편중을 완화하기 어렵다는 단점이 있다.

김상희 의원안과 소병훈 의원안은 권역별 의석수 산정에 인구비례 할당방식을 적용하는데 비수도권 권역에 10%를 추가 할당한다는 점이 특징적이다. 박주민 의원안과 소병훈 의원안은 권역별 비례의석을 정당득표율에 따라 산정한 배분의석에서 지역구의석을 공제하여 산출한다. 그에 비해 김두관 의원안은 권역별 비례의석을 지역구의석 비율에 따라 정한다.

김상희 의원안은 총의석을 인구 15만 명당 1인, 지역구와 비례대표의 비율을 2:1로 설정하는 내용이다. 2020년 총선에 적용하면 총의석 346석 중 지역구의석 231석, 비례대표 115석이 된다. 총 의석수 대신 인구수 기준을 제시한 박주민 의원안의 경우, 2020년 총선에 적용하면

:: 스코틀랜드의 연동형 비례제

* 스코틀랜드 연동형은 의원정수 확대 없이 초과의석을 처리할 수 있지만, 초과의석 발생과 무관한 정당의 비례의석을 줄여야하기 때문에 의석배분의 공정성 문제가 초래될 수 있다. 초과의석이 발생하면 초과의석이 발생하지 않은 정당의 비례의석을 초과의석 수만큼 감산하는 정당간 상쇄(inter-party compensation)가 사용된다.

* 준연동형의 경우 정당간 상쇄가 스코틀랜드처럼 직접적이지 않다. 스코틀랜드는 초과의석 발생에 따른 타 정당의 감산 과정이 명확하게 나타나지만, 준연동형에서는 즉각적으로 나타나는 과정은 아니다. 다만, 결과적으로 초과의석 수만큼 초과의석이 발생하지 않은 정당의 비례의석이 줄어든다. 연동형 국가 중 레소토와 볼리비아도 스코틀랜드와 같은 원리로 초과의석의 발생에 따른 의원정수 확대를 차단한다.

총의석 371석 중 지역구의석 247석, 비례의석 124석이다. 김두관 의원안은 권역명부방식이라는 점만 제외하면 2020년 총선의 준연동형과 동일하다. 의석배분절차가 준연동형과 같기 때문에 연동형이 온전히 작동하지 않는다.

〈표 7〉 국회 연동형 선거법 개정안 비교

	소병훈 의원안 (2001228, 2016.07.27.)	박주현 의원안 (2002832, 2016.10.24.)	김상희 의원안 (2005632, 2017.2.14.)	박주민 의원안 (2005634, 2017.2.15.)
의원정수	300 (200+100)	316 (253+63)	인구15만당1인 (2:1)	인구14만당1인 (2:1)
투표방식	1인2표제	1인2표제	1인2표제	1인2표제
지역구선출	최다득표	최다득표	최다득표	최다득표
선거구계층	2	2	2	2
의석배분방식	헤어	헤어	헤어	헤어
명부작성단위	권역	전국	권역	권역
명부작성방식	폐쇄형	폐쇄형	폐쇄형	폐쇄형
중복입후보	불가	불가	불가	가능
초과의석	허용	정당간 차감	허용	허용
의안현황	임기만료폐기	임기만료폐기	임기만료폐기	임기만료폐기
	심상정 의원안 (2010785, 2017.12.12.)	김두관 의원안 (2117155, 2022.9.1.)	이상민 의원안 (2117732, 2022.10.4.)	김영배 의원안 (2118328, 2022.11.18.)
의원정수	360 (240+120)	300 (253+47)	300 (127+127+46)	330 (220+110)
투표방식	1인2표제	1인2표제	1인2표	1인2표제
지역구선출	최다득표	최다득표	최다득표	최다득표
선거구계층	2	2	3	2
의석배분방식	헤어	헤어	헤어	헤어
명부작성단위	전국	권역	시도+전국	권역
명부작성방식	폐쇄형	폐쇄형	개방형	폐쇄형
중복입후보	불가	불가	불가	불가

	소병훈 의원안 (2001228, 2016.07.27.)	박주현 의원안 (2002832, 2016.10.24.)	김상희 의원안 (2005632, 2017.2.14.)	박주민 의원안 (2005634, 2017.2.15.)
초과의석	허용	상쇄	상쇄	정당간 조정
의안현황	임기만료폐기	소관위심사	소관위접수	소관위접수

　　이상민 의원안은 지역구의석에 시도 및 전국단위 비례의석이 결합된 3계층 선거구제를 제시한다.[02] 의석배분 단위가 시도라는 점에서 초과의석이 과다하게 발생할 수 있다. 또한 현행 253개 지역선거구를 127개로 줄이는 것도 현실적으로 쉽지 않고, 농산어촌 선거구의 경우 광역화에 따른 지역대표성 약화가 초래될 수 있다. 별도의 전국비례 46석을 병립형으로 결정하는 목적은 헝가리와 같이 의석보정을 위한 것이 아니라 거대정당의 비례의석 확보를 용이하게 하기 위한 것으로 볼 수 있다. 여성을 정당명부의 홀수 번에 배정하는 교호순번제[03]를 도입하는 내용은 다른 의원안과 비교할 때 특징적이다. 그러나 이상민 의원안은 기본적인 설계모형이 준연동형의 배분방식을 따르기 때문에 연동방식이 정상적으로 작동하기 어렵다.

02 이보다는 지역구와 권역별 비례제의 2계층 선거구제가 바람직하다. 지역구 127석과 173석(127+46)을 연동형으로 설계하면 초과의석의 발생을 낮출 수 있다.

03 현행 공직선거법 제47조 제3항은 "정당이 비례대표국회의원선거 및 비례대표지방의회의원선거에 후보자를 추천하는 때에는 그 후보자 중 100분의 50 이상을 여성으로 추천하되, 그 후보자명부의 순위의 매 홀수에는 여성을 추천하여야 한다"고 규정하고 있다.

박주민·김상희·심상정·소병훈 의원안은 모두 초과의석을 허용하는 방식이다. 이 의원안들의 경우 권역명부방식이라는 점에서 전국명부방식인 심상정 의원안보다 초과의석의 규모가 상당할 수 있다. 심상정 의원안은 초과의석의 발생 가능성이 권역명부방식보다는 낮지만 역대 거대정당의 정당득표율과 지역구의석 점유율을 고려할 때 일정 규모의 초과의석은 발생할 수 있다. 무엇보다 심상정 의원안의 문제점은 전국명부방식이기 때문에 특정 지역에 의석이 집중되는 현상을 해소할 방법이 없다는 것이다.

이상민 의원안과 김두관 의원안은 비례대표후보에 대한 유권자의 직접 선택을 가능하게 하는 개방형 명부제를 도입하는 내용이다. 개방형 명부제 중에서도 둘 다 일정 득표율 이상 획득한 비례대표 후보의 당선 가능성을 높이는 가변형 명부방식인데, 다른 점은 득표쿼터를 이상민 의원안은 19%, 김두관 의원안은 5%로 설정하고 있다는 점이다. 김두관 의원안에서도 초과의석은 상당한 규모로 발생할 수 있다. 권역 명부방식인데다 비례의석의 비율이 낮아 초과의석의 발생규모는 클 것이다.

의석배분방식을 보면 8개 의원안 모두 헤어-니마이어식을 사용한다. 그러나 헤어-니마이어식을 고집할 이유는 없다. 헤어-니마이어식보다는 셍뜨-라귀식과 같은 나눔수방식이 정당득표율로 산정된 배분의석에서 지역구의석을 감산하여 비례의석을 산출하는 일련의 과정을 파악하는데 용이하다.

:: 헤어-니마이어식과 셍뜨-라귀식

* 정당투표로 결정되는 47석의 비례대표는 각 정당이 얻은 득표율에 따라 할당된다. 정당득표를 의석으로 전환하는 방식으로 우리는 현행 「공직선거법」 제189조 제3항에 따라 헤어-니마이어식(Hare-Niemeyer method)을 사용하고 있다. 헤어-니마이어식은 개발자인 영국의 토마스 헤어(Thomas Hare)와 독일의 수학자 호르스트 니마이어(Horst Niemeyer)의 이름에서 유래했다. 정당득표 총수를 비례의석수로 나눠 1석에 해당하는 득표수(헤어쿼터)를 구한 후, 이 쿼터(quota)로 개별 정당이 얻은 득표수를 나눈 값으로 의석을 할당하는 방식이다. 쿼터로 나눈 값에서 정수부분을 먼저 배분하고, 다 채워지지 않은 의석은 소수점 이하 수가 큰 순서에 따라 순차적으로 할당한다. 따라서 헤어-니마이어식은 최대잔여식(largest remainder method)으로 불린다.

* 셍뜨-라귀식(Sainte-Laguë method)은 개발자인 프랑스 수학자 앙드레 셍뜨-라귀(André Sainte-Laguë)의 이름에서 유래하였고, 정당의 득표수를 1, 3, 5, 7 등으로 나누어 가장 큰 몫을 가진 정당의 순으로 의석을 배분하는 방식이다. 셍뜨-라귀식에서 몫은 지역구득표수를 2n+1(n: 의석수)으로 나눈 값이 된다. 셍뜨-라귀식은 최고평균식(highest average method)으로도 불린다. 셍뜨-라귀식은 헤어-니마이어식과 더불어 의석할당방식 중 가장 균형적 의석분포를 보이는 것으로 알려져 있다. 셍뜨-라귀식은 헤어-니마이어식에 비해 '부정적 득표 비중'의 모순이 발생할 가능성이 낮은 것으로 평가된다.

권역별 비례제를 내용으로 하는 의원안들은 모두 권역을 6개(서울, 경기·인천·강원, 부산·울산·경남, 대구·경북, 광주·전남·전북·제주, 대전·세종·충남·충북)로 구분하는데, 이는 2015년 중앙선관위가 연동형 비례제를 공직선거법 개정의견으로 제출하면서 제시한 권역 구분이다. 권역 구분도 강원권을 어디에 속하게 하는가에 따라 의원안마다 차이를 보인다. 김두관·박주민·소병훈 의원안은 강원을 경기·인천과 하나의 권역으로 설정하는 반면, 김상희·김영배 의원안은 강원을 충청과 함께 단일 권역으로 묶는다.

개정안 중 지역구의석과 비례의석 비율을 2:1로 설정하는 내용은 전체 8개 의원안 중 5개(박주민·김상희·심상정·소병훈·김영배 의원안)에 이를 정도로 다수를 차지한다. 2:1 비율 중에서도 심상정 의원안을 제외하면 모두 권역별 비례대표제의 형태를 띤다. 또한 김영배 의원안을 제외하면 모두 초과의석을 허용하는 내용이다. 비례의석의 비율과 권역의 수가 초과의석 발생 규모에 영향을 미치는 주요 요인이라는 점에서 이들 의원안을 총선에 적용했을 때 어느 정도의 초과의석이 발생할지 예측해볼 수 있다.

〈표 8〉은 지역구의석과 비례의석 비율을 2:1(248:124)로 설정하고, 권역을 서울, 경인·강원, 충청, 대구·경북, 부산·울산·경남, 호남·제주의 6개로 묶어 2020년 제20대 총선에 적용한 결과이다. 시뮬레이션 결과, 초과의석은 미래통합당 6석, 더불어민주당 39석으로 총 45석이 발생하는 것으로 나타난다.

〈표 8〉 2:1 권역별 비례제 시뮬레이션(2020년 총선 적용)

권역	할당	미래통합당				더불어민주당				정의당				국민의당				열린민주당			
		배	지	초	보	배	지	초	보	배	지	초	보	배	지	초	보	배	지	초	보
서울	70	26	8	0	18	26	41	15	0	7	0	0	7	6	0	0	6	5	0	0	5
경인강원	127	46	12	0	34	48	65	17	0	15	1	0	14	10	0	0	10	8	0	0	8
충청	40	15	8	0	7	15	20	5	0	5	0	0	5	3	0	0	3	2	0	0	2
대구경북	36	22	24	2	0	7	0	0	7	3	0	0	3	3	0	0	3	1	0	0	1
부산울산경남	57	28	32	4	0	17	7	0	10	5	0	0	5	4	0	0	4	3	0	0	3
호남제주	42	3	0	0	3	28	30	2	0	5	0	0	5	2	0	0	2	4	0	0	4
계	372	140	84	6	62	141	163	39	17	40	1	0	39	28	0	0	28	23	0	0	23

주) 배: 배분의석, 지: 지역구의석, 초: 초과의석, 보: 보정의석.
자료) 중앙선거관리위원회 선거통계시스템〈http://info.nec.go.kr/〉.

개정안 중 현행 준연동형 의석배분방식을 적용하는 내용의 의원안은 3개다(김영배·이상민·김두관 의원안). 준연동형의 의석배분방식은 연동형의 상쇄메커니즘이 온전하게 작동하지 않는다. 2020년 총선에 한시적으로 적용된 연동배분의석 30석 캡이 해제되어도 마찬가지다.

〈표 9〉는 2020년 총선에 의석비율을 1:1로 설정하고 지역구 의석분포를 초과의석이 발생하지 않도록 조정하여 준연동형의 의석배분방식을 적용한 결과이다. 위성정당이 출현하지 않고 현재와 같은 전국명부방식이라고 했을 때 각 정당의 비례의석은 P_1당 37석, P_2당 29석, P_3당 13석, P_4당 12석, P_5당 9석이 된다. 만약 준연동형의 의석배분방식이 상쇄메커니즘이 작동하는 방식이라면 지역구의석을 증가시켰을 때

비례의석이 그만큼 감소하고 총의석은 변동이 없어야 한다.

〈표 9〉 연동형 비례제 시뮬레이션(지역구:비례=1:1)

	P_1당	P_2당	P_3당	P_4당	P_5당	계
정당득표	9,441,520	9,307,112	2,697,956	1,896,719	1,512,763	24,856,070
득표율(%)	0.3798	0.3744	0.1085	0.0763	0.0609	1
200	75.96953	74.8880	21.7086	15.2616	12.1722	200.0000
지역구의석(A)	40	55	5	0	0	100
200×득표율-지역구	35.9695	19.8880	16.7086	15.2616	12.1722	100.0000
절반	17.9848	9.9440	8.3543	7.6308	6.0861	50.0000
연동배분의석(B)	18	10	8	8	6	50
잔여의석배분(C) (100-연동배분의석)	18.9924	18.7220	5.4272	3.8154	3.0430	50.0000
	18	18	5	3	3	47
	1	1		1		3
	19	19	5	4	3	50
계(A+B+C)	77	84	18	12	9	200

자료) 중앙선거관리위원회 법제과(2022.11.).

P_2당의 지역구의석을 55석에서 54석으로 1석 줄이고 P_3당의 지역구의석을 5석에서 6석으로 1석 늘려 준연동형을 적용하면 두 정당의 비례의석은 변동이 없다. 상쇄가 정상적으로 작동하는 연동형이라면 P_2당의 비례의석은 1석 늘어나고, P_3당의 비례의석은 1석 줄어들어야 한다. 오히려 총의석이 달라진다. P_2당은 84석에서 83석으로 1석 줄고, P_3당은 18석에서 19석으로 1석 늘어난다. 이는 전형적인 병립형의 특성이다.

〈표 10〉 연동형 비례제 시뮬레이션(위성정당 없을 경우, P_2당 1석 감소, P_3당 1석 증가)

	P_1당	P_2당	P_3당	P_4당	P_5당	계
정당득표	9,441,520	9,307,112	2,697,956	1,896,719	1,512,763	24,856,070
득표율(%)	0.3798	0.3744	0.1085	0.0763	0.0609	
200	75.9695	74.8880	21.7086	15.2616	12.1722	200.0000
지역구(A)	40	54	6	0	0	100
200×득표율−지역구	35.9695	20.8880	15.7086	15.2616	12.1722	100.0000
절반	17.9848	10.4440	7.8543	7.6308	6.0861	50.0000
연동배분(B)	18	10	8	8	6	50
잔여의석배분(C) (100−연동배분의석)	18.9924	18.7220	5.4272	3.8154	3.0430	50.0000
	18	18	5	3	3	47
	1	1	0	1	0	3
	19	19	5	4	3	50
계(A+B)	77	83	19	12	9	200

그런데 〈표 11〉과 같이 P_2당의 지역구의석을 2석 줄이고 P_3당의 지역구의석을 2석 늘리면 P_2당에서는 비례의석이 1석 늘어나고, 총의석은 1석 줄어든다. P_3당에서는 지역구의석 2석 증가에 대해 비례의석은 1석 줄어들고 총의석은 1석 늘어난다. 병립형도 연동형도 아닌 결과가 나타난다. P_3당의 지역구의석을 3석, 4석, 5석 더 늘려도 마찬가지다. 지역구의석의 변동에 비례의석과 총의석이 불규칙적으로 변화하는 양상을 보인다.

〈표 11〉 2020 총선 적용 시뮬레이션

	P_1당	P_2당	P_3당	P_4당	P_5당	계
지역구	40	55	5	0	0	100
비례	37	29	13	12	9	100
계	77	84	18	12	9	200

		P_1당	P_2당	P_3당	P_4당	P_5당	계
P_3당 지역구 1석 증가	지역구	40	54(-1)	6(+1)	0	0	100
	비례대표	37	29	13	12	9	100
	계	77	83(-1)	19(+1)	12	9	200
P_3당 지역구 2석 증가	지역구	40	53(-2)	7(+2)	0	0	100
	비례대표	37	30(+1)	12(-1)	12	9	100
	계	77	83(-1)	19(+1)	12	9	200
P_3당 지역구 3석 증가	지역구	40	52(-3)	8(+3)	0	0	100
	비례대표	37	30(+1)	12(-1)	12	9	100
	계	77	82(-2)	20(+2)	12	9	200
P_3당 지역구 4석 증가	지역구	40	51(-4)	9(+4)	0	0	100
	비례대표	37	31(+2)	11(-2)	12	9	100
	계	77	82(-2)	20(+2)	12	9	200
P_3당 지역구 5석 증가	지역구	40	50(-5)	10(+5)	0	0	100
	비례대표	37	31(+2)	11(-2)	12	9	100
	계	77	81(-3)	21(+3)	12	9	200

연동형에서 초과의석이 발생하지 않으면 계산방식은 간단하다. 정당득표율에 비례하도록 각 정당의 배분의석을 산출한 결과가 총의석이다. 즉, P_1당 76석, P_2당 75석, P_3당 22석, P_4당 15석, P_5당 12석이 각 정당의 총의석이 된다. 그러나 현행 준연동형 의석배분 방식을 적용하면 P_1당 77석, P_2당 84석, P_3당 18석, P_4당 12석, P_5당 9석이 된다. 이 결과와 준연동형을 적용한 결과가 다르다는 것은 준연동형의 의석배분 방식에 오류가 있다는 것을 말한다.

<표 12> 연동형 비례제 시뮬레이션(지역구:비례= 100:100 시뮬레이션, 단순 연동형)

	P₁당	P₂당	P₃당	P₄당	P₅당	계
정당득표	9,441,520	9,307,112	2,697,956	1,896,719	1,512,763	24,856,070
배분의석	76	75	22	15	12	200
지역구의석	25	70	5	0	0	100
비례의석	51	5	17	15	12	100
계	76	75	22	15	12	200

5. 연동형의 비례위성정당

가. 위성정당 출현과 준연동형의 연동효과

2020년 3월 10일과 2020년 4월 21일 헌법재판소는 미래통합당의 위성정당인 미래한국당에 대한 정당등록 승인에 대한 헌법소원심판에서 자기관련성이 인정되지 않는다는 이유로 각하 결정을 내렸다(헌재 2020.3.10. 2020헌마287; 헌재 2020.4.21. 2020헌마462). 즉, 헌법소원심판을 청구한 자가 해당 정당의 등록 승인행위로 인해 기본권을 침해받은 당사자가 아니기 때문에 심리를 종결한다는 것이었다. 또한 2020년 10월 11일 검찰은 지난 제21대 총선 직전 비례위성정당을 설립한 국회의원들에 대한 고발사건을 각하했다.

이로써 위성정당을 둘러싼 위법 논란은 종결되었지만, 현행 선거제도가 연동형의 제도적 틀을 유지하는 한 위성정당을 창당하려는 거대정당의 시도는 근절하기 어려울 것이다. 위성정당의 출현은 정당간 공정한 경쟁을 침해할 뿐만 아니라 독자정당의 창당을 억제해 시민의 정치적 결사체인 정당설립의 자유를 제한하는 결과를 가져올 수 있어 실효적 방안이 마련되어야 한다.

2020년 총선에서 위성정당이 준연동형의 연동효과를 무력화시킨 것은 사실이다. 위성정당이 창당되지 않았더라면 소수정당에 돌아가는 비례의석이 실제 총선 결과보다는 늘었을 것이다. 위성정당이 출현한 2020년 총선에서 정당별 비례의석 수는 미래통합당(미래한국당 포함) 19석, 더불어민주당(더불어시민당 포함) 17석, 정의당 5석, 국민의당 3석, 열린민주당 3석이었다. 위성정당이 없었다고 가정했을 때 비례의석 수는 미래통합당 16석, 더불어민주당 6석, 정의당 11석, 국민의당 8석, 열린민주당 6석이 된다. 위성정당이 없었더라면 소수정당의 비례의석 수는 3석에서 6석까지 늘어났을 것이다.

〈표 13〉 위성정당이 없었을 경우 2020년 총선 결과

	더불어 민주당	미래 통합당	미래 한국당	더불어 시민당	정의당	국민의당	열린 민주당	무소속	계
정당득표			9,441,520	9,307,112	2,697,956	1,896,719	1,512,763		24,856,070
득표율 (%)			0.3798	0.3744	0.1085	0.0763	0.0609		1
			60.7212		17.3514	12.1984	9.7290		0.6266
295	0	0	112.0551	110.4599	32.0202	22.5109	17.9540		
지역구 (A)	0	0	84	163	1	0	0	5	253
295- 지역구	0	0	28.0551	0.0000	31.0202	22.5109	17.9540		99.5401
			28	0	31	23	18		97
절반			14.0275	0.0000	15.5101	11.2554	8.9770		50
정수			14	0	14	11	9		48

	더불어민주당	미래통합당	미래한국당	더불어시민당	정의당	국민의당	열린민주당	무소속	계
연동배분 (B)			8.750	0.000	8.750	6.857	5.625		30,000
			8	0	8	6	5		27
			1	0	1	1	0		3
			9	0	9	7	5		30
병립배분 (C)	6.4574	6.3655	1.8452	1.2972	1.0346				17
	6	6	1	1	1				
	1		1						
	7	6	2	1	1				17
계 (A+B+C)	100	169			12	8	6	5	300

위성정당이 없었다고 해도 준연동형은 온전한 연동효과를 나타낼 수 없었다. 연동형의 상쇄 메커니즘이 작동할 수 없게 설계되었기 때문이다. 따라서 일부 시민단체와 학계 일각에서 주장하는 것처럼 위성정당에만 선거제도 개혁 실패의 책임을 전가할 수 없다.

연동형에서 거대정당이 위성정당을 설립하는 이유는 비례의석을 획득하기 위해서이다. 연동형의 의석배분 메커니즘에서는 정당의 지역구의석과 비례의석간 '상쇄'로 인해 지역구의석 점유율이 높은 거대정당이 비례의석을 얻기 어렵기 때문에 위성정당을 이용해 비례의석을 확보하려고 하는 것이다. 위성정당의 출현이 준연동형 도입에 따른 현상이라는 점에서 과거의 병립형 방식으로 선거제도를 환원시켜야 한다는 주장이 제기되고 있고, 관련 공직선거법 개정안도 5건이 발의되었다. 물론 이같이 병립형으로의 회귀가 위성정당을 차단할 수 있는 손쉬운 방법일 수 있지만, 성급하게 다시 제도변경을 논의하기보다 현행 준연동형 하에서 위성정당 차단방안에 대한 면밀한 검토가 선행되어야 한다.

나. 위성정당 창당 해외사례

알바니아(2005년 총선), 베네수엘라(2005년 총선), 레소토(2007년 총선), 이탈리아(2001년 총선) 모두 연동형에서 위성정당이 창당된 사례들이다. 이 국가들에서는 지역구의석 점유율이 높은 거대정당이 위성정당을 이용하여 의석점유를 확대하려고 했다.

베네수엘라의 친(親)차베스 정당인 제5공화국운동(MVR)은 2005년 총선에서 위성정당인 선거승리자연합(UVE)을 설립하여 4석의 비례의석을 획득했다(Sullivan 2009, 8). 이에 2010년 총선부터는 위성정당을 차단하기 위해 비례의석의 비율을 기존 40%에서 30%로 낮추고, 연동형에서 병립형으로 변경했다.

2005년 알바니아 총선에서는 거대정당인 민주당(DP)과 사회주의당(PSS)이 각각 복수의 위성정당을 통해 전체 비례의석 40석 중 23석을 가져갔다. 이후 의석배분의 공정성 문제가 정치적 논쟁으로 비화되면서 알바니아는 연동형에서 전면적 비례제(list PR system)로 변경했다.

레소토에서도 2007년 총선에서 위성정당이 창당됐다. 레소토민주회의(LCD)와 전국바소토회의(ABC)가 각각 위성정당인 민족독립당(NIP)과 레소토노동자당(LWP)을 이용하여 비례대표선거에 정당명부를 제출하지 않고도 각각 21석과 10석의 비례의석을 가져갔다.

레소토는 투표방식(ballot structure)의 변화를 통해 위성정당 창당을 차단했다. 2010년부터 기존의 2표제를 1표제(single ballot system)로 변경하면서 더 이상 전략적 분할투표가 불가능하게 되었다.

이탈리아의 경우 2001년 상·하원선거에서 우파연합 자유의 집(House of Freedoms)과 좌파연합 올리브트리(Olive Tree)는 지역구후보를 각각 위성정당의 비례대표명부(liste civetta)와 연계하여 비례의석을 확보할 수 있었다. 이후 이탈리아는 위성정당 창당을 막기 위해 연동형에서 전면적 비례제로 전환했다.

〈표 14〉 국가별 위성정당 차단 방안

국가	변경 전	변경 후
베네수엘라	연동형	병립형
알바니아	연동형	비례제
레소토	1인2표 연동형	1인1표 연동형
이탈리아	연동형	비례제

다. 독일에 위성정당이 없는 이유

독일의 정당법 전문가인 마틴 몰록(Martin Morlok) 교수는 독일에서 위성정당이 출현하지 않는 이유를 3가지로 들었다.

:: 독일 뒤셀도르프 대학 마틴 몰록 교수

몰록 교수는 2002년부터 2018년까지 독일 뒤셀도르프 하인리히 하이네 대학에서 공법, 법이론, 법사회학 분야의 교수로 재직했다. 1997년부터 2011년까지 「독일·국제 정당법 및 정당연구소(PRuF)」 소장을 맡았다. 2002년부터 2018년 퇴임 때까지 주요 연구 분야는 헌법, 의회법, 정당법, 종교법, 국가배상법 및 방법론이다.

첫째, 「연방선거법」 제27조제1항제1호, 「정당법」 제2조제1항제1호에 따라 정당의 비례대표명부 등록에 엄격한 심사기준이 적용되고, 정당 설립 및 조직 구성에 많은 인력과 비용이 소요된다.

정당을 설립하는 것 자체는 어렵지 않으나, 연방선거위원회(Bundeswahlausschuss)가 비례대표 후보등록에 "매우 엄격한 기준(deutlich strenge Maßstäbe)"을 요구한다. 정당설립이 허용되려면 주(州)단위에서 조직구성이 어느 정도 완비되어야 하고, 구체적인 수치는 명시되어있지는 않

:: 독일 연방선거법 및 정당법 규정

* 「연방선거법」 제27조제1항제1호: "정당의 비례대표명부는 정당만 제출할 수 있다."
* 「정당법」 제2조제1항제1호: "정당은 실질적 관계의 전체형상, 특히 조직의 규모와 견고성, 당원수 및 공적 등장에 따라 목표의 진지성에 대한 충분히 보장이 가능할 때, 지속적으로 또는 장기간에 걸쳐 연방 또는 주의 영역에서 정치적 의사형성에 영향을 미치고, 국민의 대표연방 하원 또는 주의회의 대표구성에 참여하는 시민들의 결사체이다."

지만 당원규모를 갖춘 상태이어야 한다. 위성정당은 촉박한 일정으로 설립되기 때문에 이러한 정당설립 및 명부등록요건은 위성정당의 창당을 억제하게 된다.

둘째, 「연방선거법」 제21조제1항제1호는 한 정당의 후보가 다른 정당의 후보로 등록될 수 없도록 규정하고 있다. 이 규정은 모(母)정당에서 이미 탈당한 경우가 아니라면 위성정당의 후보를 후보등록에서 배제시키는 효과를 보일 수 있다.

:: 독일과 한국의 법정 시도당수 및 당원수

* 독일 「정당법」 제21조제1항제1호: "정당의 후보자는 다른 정당의 당원이 아니고, 지역구후보 선출 당원총회 또는 특별 또는 일반 후보선출 대의원총회에서 선출된 경우에만 지역구후보로 지명될 수 있다."
* 독일 「연방하원의사규칙」 제10조제1항제1호: "교섭단체는 동일한 정당 또는 정치적 호표를 같이 하는 이유에서 어떤 주에서도 경쟁관계에 있지 않은 정당들에 속하지 않는 하원의원 중 최소 5/100로 구성되는 결사체이다."
* 한국은 정당의 법정시·도당수는 5개, 법정당원수는 시도별 1천명 이상이다. 창당준비위의 발기인수는 중앙당의 경우 200인 이상, 시·도당의 경우 100인 이상이다.

셋째, 「연방하원의사규칙」 제10조제1항제1호에 따라 교섭단체 의원은 동일 정당에 소속되어야 한다. 기민당(CDU)과 기사당(CSU)의 경우처럼 예외적으로 동일 교섭단체를 구성하기 위해서는 연방하원(Bundestag)의 승인을 받아야한다. 다양한 정당명칭으로 중복하여 입후보한 경우 승인을 받기 어렵다.

라. 위성정당 차단방안

중복입후보제

위성정당의 창당을 막기 위해 선거제도의 당선인 결정방식이나 투표방식을 변경하는 방안은 일정한 효과를 보일 수 있다. 그러나 연동형을 병립형 또는 전면적 비례제로 당선인 결정방식을 변경하거나 투표방식을 1인1표제에서 1인2표제로 변경하는 방안은 정당체계에 심대한 영향을 미칠 수 있는 대폭적인 개혁이다.

제도개혁은 구조적 틀을 바꾸기보다는 부분적이며 단계적개혁을 시작으로 제도변화가 가져올 수 있는 영향을 관찰하면서 점진적으로 진행하는 것이 바람직하다. 그런 점에서 독일과 뉴질랜드 등 연동형 비례제를 운영하고 있는 국가들이 채택하고 있는 지역구선거와 비례대표선거의 중복입후보제(double candidacy)는 지역구 당선인과 비례대표 당선인의 구분을 약화시켜 거대정당의 비례의석 획득 유인을 완화하는데 기여할 수 있을 것이다.

중대선거구제, 비례비율 확대, 권역별 비례제 도입

하나의 선거구에서 복수의 당선인을 선출하는 중대선거구제(multi-member district system)를 도입하면 거대정당의 지역구의석 집중을 완화하는 효과가 있기 때문에 위성정당 창당의 유인이 약화될 수 있다. 거대정당의 지역구의석 집중이 완화된다는 것은 군소정당에 집중되는 비례의석의 분산을 의미하므로 거대정당으로서는 위성정당 창당의 실익이 줄어들게 될 것이다. 또한 비례의석 비율 제고를 통해 거대정당의 지역구의석 점유율을 낮추는 방안도 거대정당의 위성정당 창당을 억제하는데 실효성을 보일 수 있다.

권역별 비례제도 위성정당 차단에 효과적이다. 거대정당이 비례의석을 획득하기 위해 권역마다 위성정당을 창당하는 것은 현실적으로 쉽지 않기 때문에 위성정당 창당을 억제하는 효과를 가져올 수 있다.

지역구득표와 정당득표의 합산으로 의석배분 기준 설정

지역구선거의 후보득표와 정당득표를 합산한 수를 정당별 의석배분의 기준으로 설정하는 이른 바 '바이에른 주의회 선거 방식'도 위성정당 창당을 억제할 수 있다. 정당의 지역구후보가 얻은 득표와 정당득표를 합산한 수로 정당의 배분의석을 정하게 되면 모(母)정당의 정당득표가 위성정당의 비례의석 획득에 반영되지 못하기 때문에 위성정당의 창당을 억제할 수 있다. 그러나 이 방식은 비례성 제고와 지역구선거의 인물대표성의 조화를 목적으로 하는 연동형을 무력화시킬 수 있다.

봉쇄조항 조정

봉쇄조항을 조정하는 방법으로 위성정당 창당을 억제하는 방안도 있다. 현행은 비례의석 배분요건을 정당득표율 5% 또는 지역구의석 5석 이상으로 규정하고 있는데, 일정 득표율 이상을 획득한 정당의 경우 비례의석을 얻기 위해 지역구의석요건을 동시에 충족하도록 하는 방안이다. 즉, 소수정당의 비례의석 확보를 제한하지 않으면서 위성정당 창당을 억제하기 위한 목적이다. 예컨대, 비례대표 국회의원선거에서 전국 득표율 25% 이상을 득표한 정당의 경우 지역구선거에서 5석 이상을 획득하는 경우에만 비례의석을 배분받을 수 있도록 하면 비례위성정당의 창당을 억제하는데 일정한 효과를 보일 수 있다는 것이다.[04]

비례대표후보추천 강화

위성정당은 선거를 앞두고 급조된다는 점에서 비례대표 추천절차를 까다롭게하고 위반했을 때 부과되는 처벌규정을 강화하는 방안이

---

04 정당득표율 25% 기준은 역대 총선에서 거대 양당이 획득한 최저득표율을 참고하여 설정한 수치다.

무엇보다 실효적이라 할 수 있다. 또한 동일 정당이 아니어도 교섭단체를 구성할 수 있도록 한 현행 방식보다는 동일 정당에서만 교섭단체 구성이 가능하도록 변경하는 방안도 위성정당의 창당 유인을 약화시킬 수 있을 것이다. 비례대표후보 추천과정을 기록한 회의록 미제출시 벌칙규정을 두고, 추천과정을 기록한 회의록 제출을 의무화하여 미제출에 따른 벌칙규정을 제정하는 것도 필요하다.

:: 비례대표 후보추천요건 강화

2020. 1. 14. 「공직선거법」 개정으로 대의원, 당원 등으로 구성된 선거인단의 민주적 투표절차에 따른 후보 추천, 추천절차 위반시 등록 무효, 선거 후 적발시 당선무효 규정이 신설되었다. 그러나 해당 규정은 준연동형을 과거의 병립형 비례대표제로 되돌리는 내용의 「공직선거법」 개정안의 위원회 대안이 국회 본회의에서 가결됨에 따라 폐지되었다.

정치인의 인식 변화

정치인의 인식 변화도 중요하다. 위성정당이라는 편법을 통한 비례의석 확보가 당장은 의석확보에 유리할 수 있어도 결국 정당에 대한 신뢰를 저하시켜 정당의 지지기반 침식으로 이어질 수밖에 없다는 인식을 가져야 한다. 그래서 제도와 규범 이전에 위성정당 차단에 더 큰 구속력을 가질 수 있는 정치문화가 정착될 수 있도록 해야 한다.

마. 위성정당 창당 방지 국회 개정법률안

이은주 의원안은 후보자 등록시 비례대표 국회의원선거의 후보자

추천과정을 기록한 회의록 등 당헌 또는 당규 등을 통해 규정된 절차를 통해 후보자가 추천되었음을 증명할 수 있는 자료를 후보자명부에 첨부하도록 하는 내용이다. 비례대표 국회의원선거 후보자추천 과정에서 이를 위반한 경우 후보자 등록무효 등의 제재조치를 규정하는 내용이다. 민형배 의원안은 지역구 의석수 50% 이상 추천 정당에 비례대표 의석수 50% 추천을 의무화하는 내용이다. 그러나 이 경우 지역구 의석수 49% 이하는 제외된다는 문제가 있어 위성정당 차단 효과를 보이기에는 미흡하다.

강민정 의원안은 투표용지를 지역구 선거용과 비례대표 선거용으로 구분하고, 비례대표선거에서 후보자를 내지 않은 정당을 포함한 모든 정당의 기호와 정당명을 정당투표용지에 표시하도록 하는 방안이다. 위성정당을 창당할 경우 표의 분산이 일어나 위성정당 창당의 효과가 나타나지 않도록 한다는 것이다. 그러나 사전에 유권자가 전략투표할 위성정당을 인지한 상태라면 큰 효과를 기대하기 어렵다. 전주혜·곽상도 의원안은 준연동형을 폐지하는 내용이고, 권성동·장제원·김은혜 의원안은 준연동형 비례대표제를 폐지하고 비례의석 전부를 이전과 같이 정당의 득표비율에 따라 배분하는 병립형 비례대표제로 환원하는 내용이다.

〈표 15〉 위성정당 선거법 개정안 비교

	내용
이은주 의원안 (2108040, 2022.02.09.)	후보추천 관련 자료 제출 강화, 위반시 제재
민형배 의원안 (2114624, 2022.01.28.)	지역구의석 50% 이상 추천시 동일비율 비례추천 의무화
강민정 의원안 (2125991, 2022.06.16)	비례대표선거 투표용지에 모든 정당 표기
권성동 의원안 (2100651, 2020.06.18)	준연동형을 병립형으로 환원
장제원 의원안 (2100177, 2020.06.04)	
김은혜 의원안 (2104209, 2020.09.24)	
전주혜 의원안 (2100065, 2020.06.02)	준연동형 폐지
곽상도 의원안 (2102605, 2020.07.31)	

PART 2
독일의 연동형
비례대표제

1. 선거제도 개혁의 발단: 부정적 득표비중의 모순

2008년 7월 3일 독일 연방헌법재판소는 정당득표와 의석점유의 관계가 모순적인, 이른 바 부정적 득표비중(negative weight of votes)을 초래하는 연방선거법 일부 조항에 대해 독일 기본법(Grundgesetz) 제38장제1조제1항에서 명시하고 있는 평등선거의 원칙과 직접선거의 원칙을 침해한다고 결정했다(BVerfG, 2 BvC 1/07, 2 BvC 7/07).

연방헌법재판소가 위헌으로 결정한 부정적 득표비중은 정당의 득표수가 많으면 의석수가 오히려 적어지고, 득표수가 적으면 반대로 의석수가 늘어나는 '득표와 의석점유의 역전현상'을 의미한다(Pappi 외 2010, 260). 즉, 정당득표가 많을수록 의석수도 그에 비례하여 많아지는 것이 정상적인 현상인데, 오히려 의석수가 줄어들어 득표와 의석의 '정상적인'비례관계를 왜곡시키는 것을 말한다.

1997년 연방헌법재판소는 초과의석의 합헌성을 인정했다. 당시 연방헌법재판소는 초과의석이 정당의 득표와 의석점유의 비례성을 훼손하는 것은 사실이지만, '인물화된 비례제'(personalized PR)라는 독일 선거제도의 고유한 특성으로 받아들였다. 그러나 연방헌법재판소는

2008년 판결에서는 부정적 득표비중의 모순을 위헌으로 규정하고, 그 원인으로 작용하는 초과의석의 발생을 차단하거나 상쇄할 수 있는 개혁방안을 마련하도록 입법권자에 주문했다.

부정적 득표비중은 각 주의 의석산정에 모든 주가 서로 연결되어 있다는 점과 밀접한 관련을 갖는다. 독일 선거제도는 16개 주별로 독립적인 정당명부를 작성하는 권역별 비례제이지만, 정당의 의석을 개별 주에 배분하는 과정에서는 16개 주가 모두 연결되어 있다. 주들이 연결되어 있기 때문에 특정 주에서 초과의석의 발생으로 인한 득표와 의석점유간 변동이 부정적 득표비중을 초래하는 환경으로 작용할 수 있는 것이다.

또한 의석배분방식도 부정적 득표비중에 영향을 미친다. 헤어-니마이어식은 소수점 이하 숫자가 큰 순으로 잔여의석을 결정하는 방식이기 때문에 득표와 의석점유의 모순을 초래하는 요인이 된다.

그러나 부정적 득표비중의 발생에 결정적인 영향을 미치는 것은 바로 초과의석이다. 초과의석은 총의석을 정당득표율에 비례해 산정한 의석수보다 지역구의석이 많을 경우 그 잉여분의 지역구의석을 가리키는 말이다. 초과의석이 발생하는 지점에서는 모순이 발생할 확률이 높다. 즉, 앞서 언급한 영향요인들이 부정적 득표비중이 나타날 수 있는 수리적 환경을 조성한다면, 초과의석은 모순 발생의 촉발제(trigger) 역할을 한다고 할 수 있다.

초과의석은 어떤 단계에서 발생하였는가에 따라 두 가지 유형으로 분류된다. 전국단위에서 실시되는 의석배분, 즉 상위배분에서 발생한 경우 외생적 초과의석 또는 정당 외부적 초과의석으로 명명되고, 상위 배분에서 결정된 정당의 의석을 각 주에 하위배분할 때 발생하는 초과의석은 내생적 초과의석 또는 정당 내부적 초과의석으로 불린다. 외생적 초과의석이든 내생적 초과의석이든 득표에 비례하여 배분되는 의석 외에 추가적으로 배분되는 의석이기 때문에 평등선거의 관점에서 본다면 투표가치의 왜곡으로 볼 수 있다. 특히, 내생적 초과의석의 경우 단순히 의석의 증가를 초래하는 것으로 끝나지 않고 부정적 득표비중의 직접적인 원인으로 작용하는데, 1990년 연방 총선 이후 지속적으로 증가하는 추세를 보이고 있다.

2. 부정적 득표비중 예시: 2005년 드레스덴(Dresden) 선거

예를 들어, 총의석 598석, 총 정당득표수가 5,980,000표일 때 P당이 250,000표를 얻고 A주와 B주에서 각각 106,000표와 144,000표를 얻었다고 가정하자. P정당이 획득한 250,000표에 대한 25석을 주별 배분하면 A주(州)에 11석, B주(州)에 14석이 배분된다. A주와 B주의 지역구의석이 각각 11석과 6석이라면, A주는 지역구의석 11석으로 모두 채워지고, B주의 경우 지역구의석 6석과 비례의석 8석으로 채워진다.

그러나 P당이 A주에서 5,000표 적은 245,000표를 획득했다면 결과는 달라진다. 헤어-니마이어식을 사용하여 25석을 배분하면 A주에는 10석, B주에는 15석이 배분되는데, 이 경우 A주의 배분의석 10석보다 지역구의석이 11석으로 1석 많으므로 이 의석은 초과의석이 된다. 따라서 A주의 초과의석 1석으로 인해 총의석은 26석으로 증가한다. 결국, P당은 정당득표가 5,000표 줄어들면 오히려 의석은 1석 증가하는 득표와 의석의 역전현상이 발생하는 것이다.

〈표1〉 득표와 의석의 역전현상 예시

	실제 투표결과				A주의 정당득표가 5,000표 적을 경우		
	득표수	의석산정	배분의석		득표수	의석산정	배분의석
A주	106,000	10.60	11	A주	101,000	10.31	10
B주	144,000	14.40	14	B주	144,000	14.69	15
계	250,000		25	계	245,000		25

▼

	배분	지역	비례	최종		배분	지역	비례	최종
A주	11	11	0	11	A주	10	11	0	11
B주	14	6	8	14	B주	15	6	9	15
계	25	17	8	25	계	25	17	9	26

자료) 김종갑. 2011. 「정당득표와 의석점유의 모순: 독일 연방선거법 개정논의를 중심으로」. 『정책보고서』 제10호, p.9.

:: **부정적 득표비중의 개념**
* 부정적 득표비중은 유권자가 행사한 표의 비중, 즉 1표의 가치가 의석으로 반영될 때 비례적으로 전환되는 것이 아니라 부정적이라는 의미다. 다시 말해, 득표수 확대에 거꾸로 반응한다는 것이다.
* 역전이 발생하는 상황이 만들어지는 데에는 여러 가지 요인이 작용한다. 특히 초과의석이 발생하는 지점에서 부정적 득표비중의 발생가능성이 높다. 왜냐하면 초과의석 자체가 정당득표에 따라 비례배분된 의석분포를 벗어난 잉여의석을 말하기 때문이다.

이러한 부정적 득표비중이 독일에서 심각한 문제점으로 광범위하게 인식되기 시작한 계기는 2005년 10월 2일 드레스덴(Dresden) 제1선거구(지역구)에서 실시된 재선거였다. 2005년 9월 18일 제16대 독일 총선의 드레스덴 제1선거구에 출마한 민족민주당(NPD)의 후보가 갑자기 사망함에 따라 드레스덴 제1선거구만 제외되고 총선이 실시되었다. 총선에서 기민당(CDU)은 정당득표 13,096,556표로 173석을 배분받았다. 173석의 주별 하위배분에서는 바덴-뷔르템베르크(BW) 주와 작센(SN)주에서 각각 3석의 초과의석이 발생해 기민당의 총의석은 179석(173+6)이 되었다. [01]

〈표 2〉 2005년 독일 총선의 기민당 연방 및 주별 의석배분

• 연방배분

정당	정당득표	헤어-니마이어식			잔여배분	배분의석
		헤어쿼터	정수	소수		
기민당	13,096,556	75704.3595 (총득표/598)	172	0.9961	1	173
사민당	16,148,240		213	0.3066	0	213
기사당	3,494,564		46	0.1607	0	46
녹색당	3,826,194		50	0.5413	1	51
자민당	4,619,519		61	0.0205	0	61
좌파당	4,086,134		53	0.9749	1	54
계	45,271,207		595		3	598

01 2005년 독일 총선의 의석배분방식은 연방단위에서 헤어-니마이어식을 적용하여 정당득표율에 비례하도록 배분의석을 정한 후, 이 의석을 주별 득표율에 따라 다시 하위배분하는 방식이다. 주별로 산정한 배분의석에서 지역구의석을 공제하여 비례의석을 산정한다. 이때 배분의석보다 지역구의석이 많아 초과의석이 발생하면 총의석에 가산한다.

• 주별배분

주	정당득표	헤어-니마이어식				지역구의석	초과의석	총의석
		헤어쿼터	정수배분	소수배분	총배분			
SH	623,922	75702.0578 (총득표/173)	8	0	8	6	0	8
HH	272,798		3	1	4	0	0	4
NI	1,599,867		21	0	21	4	0	21
HB	82,411		1	0	1	0	0	1
NW	3,524,374		46	1	47	24	0	47
HE	1,130,099		14	1	15	8	0	15
RP	877,213		11	1	12	10	0	12
BW	2,282,729		30	0	30	33	3	33
SL	191,065		2	0	2	0	0	2
BE	408,809		5	0	5	1	0	5
MV	293,278		3	1	3	3	0	4
BB	322,294		4	0	4	0	0	4
ST	357,638		4	1	4	0	0	5
TH	372,593		4	1	4	3	0	5
SN	757,366		10	0	10	13	3	13
계	13,096,556		166	7	173	105	6	179

그런데 만약 총선 후 2005년 10월 2일에 실시된 드레스덴 재선거에서 기민당이 이 지역에서 42,000표 이상 정당득표를 얻었다면 초과의석 1석을 잃는 결과를 가져왔을 것이다. 즉, 작센주의 정당득표가 42,000표 적은 757,366표였다면 작센주의 득표 비례 배분의석은 10석에서 11석으로 증가하게 되고, 그로 인해 초과의석이 1석 줄어들어 기민당 전체 의석은 179석에서 178석으로 오히려 감소하는 결과를 보였을 것이다(〈표 3〉).

〈표 3〉 2005년 독일 총선에 부정적 득표비중이 발생했을 경우

• 연방배분

	정당득표	헤어-니마이어식			잔여배분	배분의석
		헤어쿼터	정수	소수		
기민당	13,096,556	75704.3595 (총득표/ 598)	172	0.9961	1	173
사민당	16,148,240		213	0.3066	0	213
기사당	3,494,564		46	0.1607	0	46
녹색당	3,826,194		50	0.5413	1	51
자민당	4,619,519		61	0.0205	0	61
좌파당	4,086,134		53	0.9749	1	54
계	45,271,207		595		3	598

• 주별배분

주	정당득표	헤어-니마이어식				지역구 의석	초과의석	총의석
		헤어쿼터	정수배분	소수배분	총배분			
SH	623,922	75702.0578 (총득표/ 173)	8	0	8	6	0	8
HH	272,798		3	1	4	0	0	4
NI	1,599,867		21	0	21	4	0	21
HB	82,411		1	0	1	0	0	1
NW	3,524,374		46	1	47	24	0	47
HE	1,130,099		14	1	15	8	0	15
RP	877,213		11	1	12	10	0	12
BW	2,282,729		30	0	30	33	3	33
SL	191,065		2	0	2	0	0	2
BE	408,809		5	0	5	1	0	5
MV	293,278		3	1	3	3	0	4
BB	322,294		4	0	4	0	0	4
ST	357,638		4	1	4	0	0	5
TH	372,593		4	1	4	3	0	5
SN	757,366		10	0	10	13	3	13
계	13,096,556		166	7	173	105	6	179

그러나 드레스덴의 유권자는 선거결과 예측을 통해 이러한 사실을 인지하게 되었고, 기민당이 아닌 자민당(FDP)에게 제2표(정당투표)를 줌으로써 42,000표 이하가 되도록 하여 초과의석 3석을 유지할 수 있었다.

이처럼 기민당 유권자들이 의도적으로 기민당의 정당득표수가 일정 수준 이하가 되도록 한 드레스덴 재선거는 부정적 득표비중의 대표적 사례로 꼽힌다. 드레스덴 사례는 부정적 득표비중이 단순히 투표가치의 불평등이나 득표와 의석점유의 불비례의 문제를 넘어 유권자가 자신이 지지하는 정당에 더 많은 의석이 돌아가도록 하기 위해 투표하지 않는 투표제도의 적실성 문제를 초래한 것으로 평가된다.

3. 2011년 개정 선거제도의 주요 특징

가. 주별 독립 배분 및 투표자수 기준 의석할당

기존의 선거제도는 전국의 정당득표를 기준으로 정당득표 5% 또는 지역구의석 3석의 봉쇄조항(electoral threshold)을 통과한 정당에 의석을 할당하고, 이 의석을 다시 개별 정당의 각 주에 득표율 비례로 배분하는 방식이었다.

기존 선거제도와 달리 2011년 11월 25일 개정된 선거제도는 투표자수(number of voters)에 따라 각 주에 전체의석 598석을 할당한 후, 주마다 독립적으로 각 정당에 득표율에 비례해 의석을 할당하는 방식으로 변경됐다. 개정 선거제도가 주별 독립적 할당방식을 채택한 이유는 개정 전의 선거제도에서 주별 의석배분의 연계로 부정적 득표비중이 발생하는 문제를 구조적으로 차단하기 위한 것이었다.

그러나 개정 선거제도의 '투표자수 기준 할당방식'은 부정적 득표비중의 원인이 될 수 있다. 부정적 득표비중은 반드시 내생적 초과의석과 직접적인 관련을 갖는 것만은 아니다. 내생적 초과의석이 발생하지 않아도 투표자수 방식은 득표와 의석의 역전현상을 초래할 수 있다. 예를 들어, 어떤 정당이 정당득표를 더 많이 얻었다고 해도 다른 주의 투표율이 이 정당에 불리하게 작용한다면 전체의석이 오히려 줄어들 수 있다. 2012년 7월 25일 독일 연방헌법재판소는 투표자수 기준 주별 의석할당방식이 정당의 득표와 의석점유의 부정적 득표비중을 초래하므로 평등선거와 직접선거, 정당의 기회균등의 원칙에 위배한다고 결정했다.

> **∷ 투표자수 기준 의석할당방식이 부정적 득표비중을 초래하는 이유**
> *투표자수는 유동적 특성을 갖게 된다. 투표자수를 기준으로 주별 의석을 할당할 경우, 특정 정당에 대한 지지도가 높은 주에서 투표자수가 낮으면 주별 할당의석이 적게 배분된다. 이러한 조건에서 이 정당의 득표수가 증가해도 의석점유가 낮아져 부정적 득표비중이 발생할 수 있다.

나. 잔여표의 의석전환

개정 선거제도는 투표자수로 할당된 16개 주의 의석수를 정당득표에 따라 비례배분하는 방식을 기본 골격으로 하고, 추가로 각 주의 의석산정에서 누락된 잔여표(residual votes)를 전국 합산하여 추가의석(additional seats)으로 반영한다. 기존 선거제도의 경우 전국을 단위로 하였기 때문에 의석으로 반영되지 못하고 사표화되는 표의 수는 미미했다. 그러나 개정 선거제도에서는 주마다 독립적인 의석배분이 이루어지기 때문에 각 주에서 발생하는 잔여표는 적지 않다. 따라서 비례성의 측면에서 볼 때 잔여표를 사표로 처리하지 않고 의석으로 구제하고 있는 점은 긍정적으로 평가할 수 있다.

한편 잔여표의 의석전환에 적용되는 의석배분방식에 대한 문제도 지적된다. 개정 선거제도는 셍뜨-라귀식이 적용된다. 그러나 잔여표의 의석전환에서만 헤어-니마이어식을 사용한다. 셍뜨-라귀식은 쿼터식과 달리 소수점 이하 0.5를 기준으로 절상 또는 절하하는 방식이므로 잔여표를 인정하지 않는다. 0.5 이상의 숫자는 셍뜨-라귀식에 따라 의석으로 반영하고, 0.5 이하 숫자는 헤어-니마이어식으로 계산하는 것은 모순적이라고 할 수 있다.

2012년 7월 25일 독일 연방헌법재판소는 권역별 의석배분에서는 셍뜨-라귀식(Sainte-Lagüe method)을 사용하고, 잔여표의 의석산정에는 헤어-니마이어식(Hare-Niemeyer method)을 사용한 현행 연방선거제도를 위헌으로 결정했다. 위헌 결정의 근거는 셍뜨-라귀식과 헤어-니마이어식은 서로 의석 대비 득표수가 동일하지 않기 때문에 투표가치가 중복 반영될 수 있다는 것이다(BVerfG, 2BvF 3/11).

다. 외생적 초과의석

2011년 개정 선거제도는 주별 독립적 의석배분방식이므로 초과의석은 모두 '정당 외부적으로' 발생하는 외생적 초과의석이다. 각 주의 의석산정이 서로 연결되어 있지 않기 때문에 기존 선거제도에서 발생하는 내생적 초과의석은 원천적으로 차단된다.

외생적 초과의석의 규모는 내생적 초과의석에 비하면 작은 범위에 그친다. 외생적 초과의석은 바이에른(Bayern) 주에서만 의석을 확보하는 기사당(CSU)에게만 해당되므로 내생적 초과의석보다 많아지기는 어렵다. 그러나 문제는 작은 규모라고 하더라도 초과의석은 득표 비례로 배분된 결과를 벗어나는 잉여의석이 발생하는 것이다. 그만큼 득표와 의석점유의 불비례가 초래되는 것이다.

4. 2013년 연방선거법 개정

투표자수를 기준으로 하는 주별 의석할당방식은 부정적 득표비중의 또 다른 원인이 된다는 이유로 2012년 연방헌법재판소에서 위헌 결정을 받았다. 위헌 결정으로 2013년 2월 21일 개정된 연방선거법은 투표자수 기준 방식에서 인구수 기준 방식으로 변경되었다. 또한 초과의석에 대한 해법으로 보정방식도 도입되었다. 연방선거법 제6조(주명부에 따른 선거) 개정으로 보정의석모델이 독일 총선에 최초로 도입되었다.

보정의석은 초과의석의 발생으로 인한 특정 정당의 과대대표(over-representation)를 해소하는데 목적이 있다. 그 방법은 가장 과대대표가 심한 정당을 대상으로 보정의석을 배분해 비례적으로 변환시키는 것이다. 과대대표가 가장 심한 정당의 득표와 의석점유가 비례적으로 바뀌면 다른 모든 정당의 득표 대비 의석점유도 비례적으로 변하게 된다. 보정의석수를 산출하는 방법은 초과의석이 없어지는 지점까지 총의석을 늘려 그때까지 증가한 비례의석을 계산하면 된다. 이러한 보정의석방식은 전국단위에서만 이루어지는 것은 아니다. 권역단위에서도 보정의석이 배분된다. 다만 권역단위 보정의석 배분은 보정의 효과가 전국단위보다 낮다고 할 수 있다.

독일의 보정의석모델은 불비례상태를 완전비례로 만들 수 있는 장점이 있지만, 의석수가 과도하게 증가하는 문제를 보인다. 2013년 독일 총선 이후 총의석이 급증한 이유는 초과의석과 보정의석 때문이지만, 증가 규모로 보면 초과의석보다는 보정의석의 영향이 더 컸다. 2013년 총선의 초과의석은 4석, 보정의석은 29석이었으나, 2017년 총선에서는 초과의석 46석, 보정의석 65석, 2021년 총선에서는 초과의

석 11석, 보정의석 127석이었다.[02]

5. 2020년 선거법 개정과 2021년 연방하원선거

보정의석모델은 모든 정당이 득표한 만큼 의석을 배분받는 공정한 방식이라는 긍정적 측면은 있지만, 의원정수 확대를 초래해 국민의 조세부담을 증가시키고 의회의 효율성을 떨어뜨린다는 비판을 받는다. 이에 2020년 개정된 「연방선거법」은 보정의석의 축소를 핵심 내용으로 한다. 보정의석을 줄이기 위해 초과의석이 발생하면 다른 주(州)의 비례의석을 줄이는 '주간 조정'을 적용한다. 또한 주(州) 단위에서 처리되지 못하는 기사당의 초과의석 중 일부는 '정당간 보정'을, 일부는

:: **2020년 독일 연방선거법 개정 전·후의 선거제도 변화**

* 독일은 기사당(CSU)의 과대대표가 의석증가의 주된 원인이다. 또한 다당제라는 점에서도 초과의석 발생에 따른 보정의석의 규모가 예측하기 어려운 수준으로까지 확대될 수 있다.
* 기존 방식은 초과의석에 대한 전면적 보정방식이었다(「연방선거법」 제6조제1항-제7항). 그러나 개정 방식은 총의석 확대를 억제하기 위해 주단위에서 발생하는 초과의석은 '주(州)간 상쇄'를 적용하고, 연방 단위에서 발생하는 기사당의 초과의석 중 일부는 무(無)보정을 실시하도록 하였다.
* 2025년 총선부터 지역구의석을 299석에서 280석으로 축소함으로써 비례의석을 299석에서 318석으로 확대하고, 선거개혁위원회를 설치하여 선거제도 개선방안을 제시하도록 했다.
* 초과의석을 '주간 보정'으로 해결하는 것은 한계가 있고, 무(無)보정을 확대하는 것도 비례성을 떨어뜨리는 요인이 된다. 그런 점에서 다음 2025년 총선부터 적용되는 지역구의석 비율 하향조정은 실효성 측면에서 타당한 방안이라 할 수 있다.

---

02 1949년부터 1990년까지 서베를린(West-Berlin)에서 선출된 의원의 수는 제외됐다.

보정을 실시하지 않는 방식을 적용한다.[03]

주간 조정은 동일 정당 안에서 이루어지기 때문에 비례성의 저하를 초래하지 않으면서 초과의석을 효과적으로 처리할 수 있는 유의미한 수단으로 기능한다. 그리고 연방단위에서 보정의석을 배분할 때 마지막 초과의석 3석을 '무(無)보정'상태로 남겨두도록 한 것은 초과의석 3석에 대한 보정의석이 배분되지 않도록 함으로써 전체 의석수를 그만큼 줄이려는 목적이라 할 수 있다.

:: **2021년 독일 총선의 초과의석 처리방법**

하원 의석 증가를 억제하기 위해서는 보정의석을 줄여야 하고 보정의석을 줄이기위해서는 초과의석을 줄여야 한다. 초과의석 중 주 단위에서 발생하는 초과의석은 '주간 조정'을 통해 의석 증가 없이 해결되지만, 기사당의 초과의석과 같이 연방단위 초과의석은 상쇄로 처리할 수 없다.

보정의석모델이 도입된 독일의 역대 총선 결과를 보면, 2013년 총선의 경우, 초과의석은 기민당에서 4석 발생하는데 그쳤으나, 그에 대한 보정의석은 기민당 13석, 사민당 10석 좌파당과 녹색당 각 3석으로 총 29석이 발생했다. 이로 인해 총의석은 기본의석 598석에서 631석으로 증가했다. 2017년 총선에서도 46석의 초과의석 발생으로 65석의

---

03 '전면보정'이라는 것은 완전비례 상태를 의미한다. 완전보정에서는 의석배분 대상 정당 모두 득표한만큼 의석을 가져간다. 반면, '부분보정'은 일정 규모의 비례의석으로 권역 또는 선거구 단위에서 발생하는 불비례를 보정하는 것을 말한다. 전면보정에서는 보정의석의 규모를 예측하기 어렵지만, 부분보정에서는 보정의석의 규모가 정해져 있다.

보정의석이 추가되어 총의석은 709석으로 늘어났다.

<표 4> 2013·2017년 독일 총선의 보정방식

• 2013년 총선

	기민당	사민당	좌파당	녹색당	기사당	계
득표	14,921,877	11,252,215	3,755,699	3,694,057	3,243,569	36,867,417
초과	4	0	0	0	0	4
보정	13	10	3	3	0	29
배분	255	193	64	63	56	631

• 2017년 총선

	기민당	사민당	대안당	자민당	좌파당	녹색당	기사당	계
득표	12,447,656	9,539,381	5,878,115	4,999,449	4,297,270	4,158,400	2,869,688	44,189,959
초과	36	3	0	0	0	0	7	46
보정	0	19	11	15	10	19	0	65
배분	200	153	94	80	69	67	46	709

2021년 총선에서 발생한 초과의석 36석 중 23석은 '주간 조정'으로 처리되었고, 11석 중 8석은 '정당간 보정', 나머지 3석은 무(無)보정으로 처리되었다.

<표 5> 2021독일 총선 의석배분

	기민당	사민당	대안당	자민당	좌파당	녹색당	기사당	SSW	계
득표	8,775,471	11,955,434	4,803,902	5,319,952	2,270,906	6,852,206	2,402,827	55,578	42,436,276
전국비례	122	170	69	76	32	94	34	1	598
주별할당	124	168	68	75	32	96	34	1	598
지역	98	122	16		3	16	45		299
초과	12	10	1	-	-	-	11	-	34

	기민당	사민당	대안당	자민당	좌파당	녹색당	기사당	SSW	계
보정	18	26	13	16	7	24	-	-	104
무보정초과	-	-	-	-	-	-	3	-	3
계	152	206	83	92	39	118	45	1	736

주) SSW: 남쉴레스비히유권자연합.

2021년 총선에서 발생한 초과의석의 규모에 관해서는 이견이 존재한다. 연방선거관리위원회는 주 단위에서 득표 비례로 산정된 배분의석보다 많은 지역구의석을 초과의석으로 규정한다. 그러나 실제 보정의석의 규모에 영향을 미치는 초과의석만 초과의석으로 인정해야 한다는 입장이다. 다른 초과의석은 주별 의석산정 과정에서 수치상 나타난 현상에 불과하다는 것이다.

이와 달리 선거정보 웹사이트(www.wahlrecht.de) 운영자인 마틴 펜드리히(M. Fendrich)는 의석배분과 산정의 각 단계에서 비례배분을 넘는 할당의석은 모두 초과의석으로 보아야 한다고 주장한다. 즉, 인구수에 따라 할당된 16개 주별 의석이 각 정당에 득표율 기준으로 배분한 주별 비례배분 의석보다 많을 경우에도 초과의석으로 인정해야 한다는 것이다. 여기에 기사당의 초과의석 11석을 합하여 15석을 초과의석으로 본다.

마지막으로 뒤셀도르프 마틴 몰록(M. Morlok) 교수는 '주간 조정'으로 처리된 초과의석은 중간단계에서 발생했다가 없어졌으므로 초과의석으로 볼 수 없다는 것이다. 따라서 초과의석은 11석이며, 그에 대한 보정의석은 127석이라는 의견을 제시한다. 이처럼 초과의석을 무엇으로 보는가에 따라 보정의석 수가 달라진다. 독일 연방선거관리위원회의 발표에 따르면 보정의석은 104석이지만, 선거정보 웹사이트(www.wahlrecht.de) 운영자 펜드리히(Martin Fendrich)의 주장에 따르면 123석, 뒤셀도르프 대학 몰록(Martin Morlok) 교수에 따르면 보정의석은 127석이 된다.

〈표 6〉 2021 독일 총선 보정의석

	초과의석	보정의석	계
독일연방선관위 (www.bundeswahlleiter.de)	34	104	138
	(주 단위에서 발생한 각 정당의 초과의석: 기민당 12석, 사민당 10석, 대안당 1석, 기사당 11석)		
마틴 펜드리히 박사 (www.wahlrecht.de)	15	123	138
	(598석 전국 비례배분의석을 넘는 주별 할당의석 4석 + 주간 조정 후 초과 11석)		
마틴 몰록 교수 (Univ. Düsseldorf, Germany)	11	127	138
	(주간 조정으로 처리되고 남은 기사당 초과의석)		

〈표 7〉은 독일 연방선거관리위원회가 발표한 독일 총선 결과이다. 총의석은 기본의석 598석에 초과의석 34석이 발생했고, 이 중 2021년 독일 총선에서 발생한 보정의석 127석은 기사당의 초과의석 8석에 대한 보정의석이다. 다시말해, 초과의석 상태를 해소하기 위해 127석의 보정의석이 추가되었다는 의미이다. 기사당의 나머지 3석은 무보정인 상태로 남겨두므로 기사당의 의석은 42석에서 3석을 더한 45석이 되고 총의석은 736석이 된다.

기사당의 전체 초과의석 11석을 전부 보정하면 보정의석은 54석이 증가해 총의석은 787석으로 늘어난다. 현행 733석에서 54석이 증가하는 셈이다(김종갑 2022, 3). 2021년 독일 총선에서 기사당은 지역구에서 득표 비례 배분의석 16석보다 많은 45석을 얻었고, 이 중 3석은 보정하지 않은 초과의석이다. 〈표 7〉에서는 28268.6, 27618.7, 26998.1이 무보정 초과의석에 해당된다.

〈표 7〉 2021 독일 총선 의석배분

Nr.	Divisor	기민당	사민당	대안당	자민당	좌파당	녹색당	기사당	SSW
		8,775,471	11,955,434	4,803,902	5,319,952	2,270,906	6,852,206	2,402,827	55,578
1	1	8775471②	11955434①	4803902⑤	5319952④	2270906⑪	6852206③	2402827⑧	55578③⁸³
2	3	2925157⑦	3985144,7⑥	1601300,7⑮	1773317,3⑫	756968,7⑳	2284068,7⑩	800942,3㉕	
3	5	1755094⑬	2391086,8⑨	960780,4㉓	1063990,4⑳	454181,2⑷⁸	1370441,2⑯	480565,4⑷⁴	
15	29	302602⑺¹	412256,3⑸²	165651,8⑴²⁸	183446,6⑴¹⁷	78307,1²⁷¹	236283,0⁹⁰	82856,1²⁵⁹	
16	31	283079⑺⁴	385659,2⑸⁵	154964,6⑴³⁷	171611,4⑴²⁵	73255,0²⁹⁹	221038,9⁹⁶	77510,5²⁷⁴	
35	69	127180⑴⁶⁷	173267⑴²³	69621³⁰⁴	77100²⁷⁶	32911⁶⁴⁶	99307²¹³	34823⁶¹⁰	
36	71	123598⑴⁷²	168386⑴²⁹	67660³¹⁴	74928²⁸⁴	31984⁶⁶⁴	96509²²⁰	33842⁶²⁹	
37	73	120211⑴¹⁷	163773⑴³⁰	65806³²²	72876²⁹¹	31108⁶⁸³	93865²²⁷	32915⁶⁴⁵	
38	75	117006⑴⁸²	159405,8⑴³⁴	64052,0³³⁵	70932,7²⁹⁹	30278,7⁷⁰¹	91362,7²³¹	32037,7⁶⁶³	
39	77	113967⑴⁸⁶	155265,4⑴³⁹	62388,3³⁴⁰	69090,3³⁰⁸	29492,3⁷²⁰	88989,7²³⁹	31205,5⁶⁸¹	
40	79	111081⑴⁹²	151334,6⑴⁴⁶	60808,9³⁴⁹	67341,2³¹⁹	28745,6	86736,8²⁴⁹	30415,5⁶⁹⁸	
41	81	108339⑴⁹⁹	147598⑴⁴⁴	59307³⁵⁸	65678³²³	28035	84595²⁵⁰	29664⁷¹⁰	
42	83	105728²⁰¹	144041,4⑴⁴⁷	57878,3³⁶⁷	64095,8³³⁰	27360,3	82556,7²⁵⁷	28949,7⁷³³	
43	85	103240²⁰⁹	140652,2⑴⁵¹	56516,5³⁷⁹	62587,7³³⁹	26716,5	80614,2²⁶³	28268,6	
44	87	100867²¹⁰	137418,8⑴⁵⁴	55217,3³⁸⁵	61148,9³⁴⁸	26102,4	78761,0²⁶⁹	27618,7	
45	89	98600²¹⁶	134330,7⑴⁵⁹	53976,4³⁹³	59774,7³⁵⁴	25515,8	76991,1²⁷⁷	26998,1	
46	91	96433²²¹	131378,4⑴⁶¹	52790,1⁴⁰³	58461,0³⁶³	24955,0	75299,0²⁸¹	26404,7	
69	137	64054³³¹	87265,9²⁴³	35065,0⁶⁰⁵	38831,8⁵⁴⁷	16576,0	50016,1⁴²⁶	17538,9	
73	145	60520³⁵²	82451,3²⁵⁸	33130,4⁶³⁹	36689,3⁵⁷⁹	15661,4	47256,6⁴⁴⁹	16571,2	
76	151	58115³⁶⁹	79175,1²⁶⁷	31813,9⁶⁶⁹	35231,5⁶⁰³	15039,1	45378,8⁴⁶⁹	15912,8	

		기민당	사민당	대안당	자민당	좌파당	녹색당	기사당	SSW
83	165	53184(399)	72457.2(294)	29114.6(729)	32242.1(657)	13763.1	41528.5(512)	14562.6	
84	167	52547(409)	71589.4(297)	28765.9	31856.0(668)	13598.2	41031.2(519)	14388.2	
92	183	47953(443)	65330.2(324)	26250.8	29070.8(731)	12409.3	37443.7(667)	13130.2	
94	187	46927(453)	63932.8(334)	25689.3	28448.9	12143.9	36642.8(681)	12849.3	
98	195	45002(472)	61309.9(347)	24635.4	27281.8	11645.7	35139.5(604)	12322.2	
99	197	44545.5(477)	60687.5(350)	24385.3	27004.8	11527.4	34782.8(611)	12197.1	
118	235	37342.4(668)	50874.2(417)	20442.1	22638.1	9663.4	29158.3(727)	10224.8	
121	241	36412.7(683)	49607.6(428)	19933.2	22074.5	9422.8	28432.4	9970.2	
122	243	36113.0(689)	49199.3(432)	19769.1	21892.8	9345.3	28198.4	9888.2	
152	303	28962.0(732)	39456.9(538)	15854.5	17557.6	7494.7	22614.5	7930.1	
170	339	25886.3	35266.8(601)	14170.8	15693.1	6698.8	20213.0	7088.0	
205	409	429111.8	58461.8(726)	23491.0	26014.4	11104.7	33507.1	11749.8	
206	411	21351.5	29088.6(730)	11688.3	12943.9	5525.3	16672.0	5846.3	
지역(299)		98	122	16	-	3	16	45	
초과의석(34)		12	10	1	-	-	-	11	
보정(104)		18	26	13	16	7	24	-	
8석보(733)		152	206	83	92	39	118	42	
무보정(3)		-	-	-	-	-	-	3	
완전보정시		163	221	89	99	42	127	45	
계(736)		152	206	83	92	39	118	45	

주) SSW: 남쉴레스비히유권자연합.

PART 3
초과의석 발생과
처리방식의 제도유형별 특징

1. 연동형 비례대표제: 2016년 스코틀랜드 총선

스코틀랜드의 선거제도는 지역선거구에서 1인을 선출하는 소선거구제와 권역별 비례제가 결합된 연동형으로 분류된다. 지역선거구의 수는 73개, 비례대표 선출단위인 권역의 수는 8개다.

스코틀랜드 총선의 의석배분은 동트식을 따르지만 나눔수(divisor)를 일반적인 통트식과는 다르게 설정한다. 일반적인 동트식은 1, 2, 3 등의 자연수 배열이지만, 스코틀랜드는 의석수+1로 설정한다. 나눔수 설정만 다를 뿐 나눔수로 나눈 몫이 큰 순으로 정당별 비례의석을 정하는 방식은 일반적인 동트식과 동일하다.

의석배분의 나눔수를 지역구의석+1로 설정하기 때문에 지역구의석을 많이 얻은 정당에게는 비례의석이 적게 배분된다. 예컨대, 스코틀랜드민족당(SNP)은 높은 지역구의석 점유율로 인해 비례의석을 얻지 못하지만, 지역구의석 점유율이 낮은 노동당이나 보수당에게는 상대적으로 많은 비례의석이 돌아간다. 이처럼 스코틀랜드 총선의 의석배분은 정당득표율 외에도 지역구의석 점유율도 비례의석 배분에 영향을 미치는 요인으로 작용한다는 특징을 보인다.

스코틀랜드중부(Central Scotland) 선거구의 경우 스코틀랜드민족당(SNP)의 1차 제수(除數)는 지역구 9석에 1을 더한 10이 된다. 몫은 득표수 129,082를 제수 10으로 나눈 12,908.2이다. 지역구의석을 얻지 못한 노동당(Labour)과 보수당(Conservative), 녹색당(Green)의 제수는 모두 1이므로 몫은 이 정당들이 얻은 정당득표와 동일하다. 1차 제수로 나눈 몫이 가장 큰 수는 노동당의 67,103이므로 노동당에 첫 번째 비례의석이 배분된다. 2차 제수는 스코틀랜드민족당의 경우 변화가 없지만, 노동당은 비례의석 1석을 배분받았기 때문에 득표수÷(1+1)이 된다. 이 과정을 비례의석 7석이 전부 배분될 때까지 반복한다.

〈표 1〉 스코틀랜드중부(Central Scotland) 선거구 의석배분

	스코틀랜드민족당	노동당	보수당	녹색당
지역구의석	9	0	0	0
정당득표	129,082	67,103	43,602	12,722
1차 제수	129,082÷(9+1)	67,103÷(0+1)	43,602÷(0+1)	12,722÷(0+1)
	12,908	*67,103*	43,602	12,722

	스코틀랜드민족당	노동당	보수당	녹색당
2차 제수	129,082÷(10+1)	67,103÷(1+1)	43,602÷(0+1)	12,722÷(0+1)
	11,735	33,552	43,602	12,722
3차 제수	129,082÷(10+1)	67,103÷(1+1)	43,602÷(1+1)	12,722÷(0+1)
	11,735	33,552	21,801	12,722
4차 제수	129,082÷(10+1)	67,103÷(2+1)	43,602÷(1+1)	12,722÷(0+1)
	11,735	22,368	21,801	12,722
5차 제수	129,082÷(10+1)	67,103÷(3+1)	43,602÷(1+1)	12,722÷(0+1)
	11,735	16,776	21,801	12,722
6차 제수	129,082÷(10+1)	67,103÷(3+1)	43,602÷(2+1)	12,722÷(0+1)
	11,735	16,776	14,534	12,722
7차 제수	129,082÷(10+1)	67,103÷(4+1)	43,602÷(2+1)	12,722÷(0+1)
	11,735	13,421	14,534	12,722
계	0	4	3	0

글래스고(Glasgow) 선거구의 경우도 스코틀랜드중부 선거구와 정당별 의석수가 같아 제수 설정과 비례의석 배분이 유사하게 나타난다. 정당별 의석수는 스코틀랜드민족당 0석, 노동당 4석, 보수당 2석, 녹색당 1석이 된다.

〈표 2〉 글래스고(Glasgow) 선거구 의석배분

	스코틀랜드민족당	노동당	보수당	녹색당
지역구의석	9	0	0	0
정당득표	111,101	59,151	29,533	23,398
1차 제수	111,101÷(9+1)	59,151÷(0+1)	29,533÷(0+1)	23,398÷(0+1)
	11,110	59,151	29,533	23,398
2차 제수	111,101÷(9+1)	59,151÷(1+1)	29,533÷(0+1)	23,398÷(0+1)
	11,110	29,576	29,533	23,398

	스코틀랜드민족당	노동당	보수당	녹색당
3차 제수	111,101÷(9+1)	59,151÷(2+1)	29,533÷(0+1)	23,398÷(0+1)
	11,110	19,717	29,533	23,398
4차 제수	111,101÷(9+1)	59,151÷(2+1)	29,533÷(1+1)	23,398÷(0+1)
	11,110	19,717	14,767	23,398
5차 제수	111,101÷(9+1)	59,151÷(2+1)	29,533÷(1+1)	23,398÷(1+1)
	11,110	19,717	14,767	11,699
6차 제수	111,101÷(9+1)	59,151÷(3+1)	29,533÷(1+1)	23,398÷(1+1)
	11,110	14,788	14,767	11,699
7차 제수	111,101÷(9+1)	59,151÷(4+1)	29,533÷(1+1)	23,398÷(1+1)
	11,110	11,830	14,767	11,699
계	0	4	2	1

하일랜드/아일랜드(Highlands/Islands) 선거구는 1차 제수로 나눈 몫이 가장 큰 보수당에 1번째 비례의석이 돌아가고, 2번째 비례의석은 노동당이 가져간다. 하일랜드/아일랜드 선거구는 스코틀랜드민족당이 유일하게 비례의석 1석을 확보한 선거구다.

〈표 3〉 하일랜드/아일랜드(Highlands/Islands) 선거구 의석배분

	스코틀랜드민족당	노동당	보수당	녹색당	자유민주당
지역구의석	6	0	0	0	2
정당득표	81,600	22,894	44,693	14,781	27,223
1차 제수	81,600÷(6+1)	22,894÷(0+1)	44,693÷(0+1)	14,781÷(0+1)	27,223÷(2+1)
	11,657	22,894	44,693	14,781	9,074
2차 제수	81,600÷(6+1)	22,894÷(0+1)	44,693÷(1+1)	14,781÷(0+1)	27,223÷(2+1)
	11,657	22,894	22,347	14,781	9,074
3차 제수	81,600÷(6+1)	22,894÷(1+1)	44,693÷(1+1)	14,781÷(0+1)	27,223÷(2+1)
	11,657	11,447	22,347	14,781	9,074

	스코틀랜드민족당	노동당	보수당	녹색당	자유민주당
4차 제수	81,600÷(6+1)	22,894÷(1+1)	44,693÷(2+1)	14,781÷(0+1)	27,223÷(2+1)
	11,657	11,447	14,898	14,781	9,074
5차 제수	81,600÷(6+1)	22,894÷(1+1)	44,693÷(3+1)	14,781÷(0+1)	27,223÷(2+1)
	11,657	11,447	11,173	14,781	9,074
6차 제수	81,600÷(6+1)	22,894÷(1+1)	44,693÷(3+1)	14,781÷(1+1)	27,223÷(2+1)
	11,657	11,447	11,173	7,391	9,074
7차 제수	81,600÷(7+1)	22,894÷(1+1)	44,693÷(3+1)	14,781÷(1+1)	27,223÷(2+1)
	10,200	11,447	11,173	7,391	9,074
계	1	2	3	1	0

로디언(Lothian) 선거구에서 노동당의 득표수는 67,991표로 녹색당의 득표수(34,551)보다 2배 가까이 많다. 그러나 노동당은 지역구의석을 1석을 얻었기 때문에 제수 설정에서 비례의석 확보에 불리하게 작용했고, 결과적으로 녹색당과 같이 2석의 비례의석을 얻는데 그쳤다.

〈표 4〉 로디언(Lothian) 선거구 의석배분

	스코틀랜드민족당	노동당	보수당	녹색당	자유민주당
지역구의석	6	1	1	0	1
정당득표	118,546	67,991	74,972	34,551	18,479
1차 제수	118,546÷(6+1)	67,991÷(1+1)	74,972÷(1+1)	34,551÷(0+1)	18,479÷(1+1)
	16,935	33,996	37,486	34,551	925
2차 제수	118,546÷(6+1)	67,991÷(1+1)	74,972÷(2+1)	34,551÷(0+1)	18,479÷(1+1)
	16,935	33,996	24,991	34,551	925
3차 제수	118,546÷(6+1)	67,991÷(1+1)	74,972÷(2+1)	34,551÷(1+1)	18,479÷(1+1)
	16,935	33,996	24,991	17,276	925
4차 제수	118,546÷(6+1)	67,991÷(2+1)	74,972÷(2+1)	34,551÷(1+1)	18,479÷(1+1)
	16,935	22,664	24,991	17,276	925

	스코틀랜드민족당	노동당	보수당	녹색당	자유민주당
5차 제수	118,546÷(6+1)	67,991÷(2+1)	74,972÷(3+1)	34,551÷(1+1)	18,479÷(1+1)
	16,935	*22,664*	18,743	17,276	925
6차 제수	118,546÷(6+1)	67,991÷(3+1)	74,972÷(3+1)	34,551÷(1+1)	18,479÷(1+1)
	16,935	16998	*18,743*	17,276	925
7차 제수	118,546÷(6+1)	67,991÷(3+1)	74,972÷(4+1)	34,551÷(1+1)	18,479÷(1+1)
	16,935	16,998	14,994	*17,276*	925
7	0	2	3	2	0

　스코틀랜드중부/파이프(Mid Scotland/Fife) 선거구는 보수당이 전체 비례의석 7석 중 4석을 배분받았다. 보수당의 높은 비례의석 점유율은 스코틀랜드민족당이 지역구의석 점유율이 높았고, 보수당의 정당득표율도 높은 수준이었기 때문으로 볼 수 있다.

〈표 5〉 스코틀랜드중부/파이프(Mid Scotland/Fife) 선거구 의석배분

	스코틀랜드민족당	노동당	보수당	녹색당	자유민주당
지역구의석	8	0	0	0	1
정당득표	120,128	51,373	73,293	17,860	20,401
1차 제수	120,128÷(8+1)	51,373÷(0+1)	73,293÷(0+1)	17,860÷(0+1)	20,401÷(1+1)
	13,348	51,373	*73,293*	17,860	10,201
2차 제수	120,128÷(8+1)	51,373÷(0+1)	73,293÷(1+1)	17,860÷(0+1)	20,401÷(1+1)
	13,348	*51,373*	36,647	17,860	10,201
3차 제수	120,128÷(8+1)	51,373÷(1+1)	73,293÷(1+1)	17,860÷(0+1)	20,401÷(1+1)
	13,348	25,687	*36,647*	17,860	10,201
4차 제수	120,128÷(8+1)	51,373÷(1+1)	73,293÷(2+1)	17,860÷(0+1)	20,401÷(1+1)
	13,348	*25,687*	24,431	17,860	10,201
5차 제수	120,128÷(8+1)	51,373÷(2+1)	73,293÷(2+1)	17,860÷(0+1)	20,401÷(1+1)

	스코틀랜드민족당	노동당	보수당	녹색당	자유민주당
	13,348	17,124	*24,431*	17,860	10,201
6차 제수	120,128÷(8+1)	51,373÷(2+1)	73,293÷(3+1)	17,860÷(0+1)	20,401÷(1+1)
	13,348	17,124	*18,323*	17,860	10,201
7차 제수	120,128÷(8+1)	51,373÷(2+1)	73,293÷(4+1)	17,860÷(0+1)	20,401÷(1+1)
	13,348	17,124	14,659	*17,860*	10,201
계	0	2	4	1	0

마찬가지로 스코틀랜드북동부(North East Scotland) 선거구도 스코틀랜드중부/파이프 선거구와 함께 보수당이 가장 많은 4석의 비례의석을 배분받은 선거구이다. 보수당의 선전은 지역구의석이 1석에 불과하고 상대적으로 정당득표수가 많아 가능했다. 스코틀랜드북동부 선거구는 자유민주당이 유일하게 비례의석 1석을 가져간 선거구이기도하다.

〈표 6〉 스코틀랜드북동부(North East Scotland) 선거구 의석배분

	스코틀랜드민족당	노동당	보수당	녹색당	자유민주당
지역구의석	9	0	1	0	0
정당득표	137,086	38,791	85,848	15,123	18,444
1차 제수	137,086÷(9+1)	38,791÷(0+1)	85,848÷(1+1)	15,123÷(0+1)	18,444÷(0+1)
	13,709	38,791	*42,924*	15,123	18,444
2차 제수	137,086÷(9+1)	38,791÷(0+1)	85,848÷(2+1)	15,123÷(0+1)	18,444÷(0+1)
	13,709	*38,791*	28,616	15,123	18,444
3차 제수	137,086÷(9+1)	38,791÷(1+1)	85,848÷(2+1)	15,123÷(0+1)	18,444÷(0+1)
	13,709	19,396	*28,616*	15,123	18,444
4차 제수	137,086÷(9+1)	38,791÷(1+1)	85,848÷(3+1)	15,123÷(0+1)	18,444÷(0+1)
	13,709	19,396	*21,462*	15,123	18,444
5차 제수	137,086÷(9+1)	38,791÷(1+1)	85,848÷(4+1)	15,123÷(0+1)	18,444÷(0+1)
	13,709	*19,396*	17,170	15,123	18,444

	스코틀랜드민족당	노동당	보수당	녹색당	자유민주당
6차 제수	137,086÷(9+1)	38,791÷(2+1)	85,848÷(4+1)	15,123÷(0+1)	18,444÷(0+1)
	13,709	12,930	17,170	15,123	*18,444*
7차 제수	137,086÷(9+1)	38,791÷(2+1)	85,848÷(4+1)	15,123÷(0+1)	18,444÷(1+1)
	13,709	12,930	*17,170*	15,123	9,222
계	0	2	4	0	1

스코틀랜드남부(South Scotland) 선거구는 스코틀랜드민족당이 가장 많은 비례의석을 가져간 선거구다. 득표수는 높지만 지역구의석수가 다른 선거구에 비해 적고 보수당이 상대적으로 많은 지역구의석을 가져갔다는 점이 의석확보에 유리하게 작용했다. 스코틀랜드민족당과 보수당은 지역구의석수는 4석으로 동일하지만 비례의석 배분에서는 정당득표율이 높은 스코틀랜드민족당이 보수당보다 많은 3석을 가져갈 수 있었다.

〈표 7〉 스코틀랜드남부(South Scotland) 선거구 의석배분

	스코틀랜드민족당	노동당	보수당	녹색당	자유민주당
지역구의석	4	1	4	0	0
정당득표	120,217	56,072	100,753	14,773	11,775
1차 제수	120,217÷(4+1)	56,072÷(1+1)	100,753÷(4+1)	14,773÷(0+1)	11,775÷(0+1)
	24,043	*28,036*	20,151	14,773	11,775
2차 제수	120,217÷(4+1)	56,072÷(2+1)	100,753÷(4+1)	14,773÷(0+1)	11,775÷(0+1)
	24,043	18,691	20,151	14,773	11,775
3차 제수	120,217÷(5+1)	56,072÷(2+1)	100,753÷(4+1)	14,773÷(0+1)	11,775÷(0+1)
	20,036	18,691	*20,151*	14,773	11,775

	스코틀랜드민족당	노동당	보수당	녹색당	자유민주당
4차 제수	120,217÷(5+1)	56,072÷(2+1)	100,753÷(5+1)	14,773÷(0+1)	11,775÷(0+1)
	20,036	18,691	16,792	14,773	11,775
5차 제수	120,217÷(6+1)	56,072÷(2+1)	100,753÷(5+1)	14,773÷(0+1)	11,775÷(0+1)
	17,174	*18,691*	16,792	14,773	11,775
6차 제수	120,217÷(6+1)	56,072÷(3+1)	100,753÷(5+1)	14,773÷(0+1)	11,775÷(0+1)
	17,174	14,018	16,792	14,773	11,775
7차 제수	120,217÷(7+1)	56,072÷(3+1)	100,753÷(5+1)	14,773÷(0+1)	11,775÷(0+1)
	15,027	14,018	*16,792*	14,773	11,775
계	3	2	2	0	0

〈표 8〉 스코틀랜드서부(West Scotland) 선거구 의석배분

	스코틀랜드민족당	노동당	보수당	녹색당	자유민주당
지역구의석	8	1	1	0	0
정당득표	135,827	72,544	71,528	17,218	12,097
1차 제수	135,827÷(8+1)	72,544÷(1+1)	71,528÷(1+1)	17,218÷(0+1)	12,097÷(0+1)
	15,092	*36,272*	35,764	17,218	12,097
2차 제수	135,827÷(8+1)	72,544÷(2+1)	71,528÷(1+1)	17,218÷(0+1)	12,097÷(0+1)
	15,092	24,181	*35,764*	17,218	12,097
3차 제수	135,827÷(8+1)	72,544÷(2+1)	71,528÷(2+1)	17,218÷(0+1)	12,097÷(0+1)
	15,092	*24,181*	23,843	17,218	12,097
4차 제수	135,827÷(8+1)	72,544÷(3+1)	71,528÷(2+1)	17,218÷(0+1)	12,097÷(0+1)
	15,092	18,136	*23,843*	17,218	12,097
5차 제수	135,827÷(8+1)	72,544÷(3+1)	71,528÷(3+1)	17,218÷(0+1)	12,097÷(0+1)
	15,092	*18,136*	17,882	17,218	12,097
6차 제수	135,827÷(8+1)	72,544÷(4+1)	71,528÷(3+1)	17,218÷(0+1)	12,097÷(0+1)
	15,092	14,509	*17,882*	17,218	12,097
7차 제수	135,827÷(8+1)	72,544÷(4+1)	71,528÷(4+1)	17,218÷(0+1)	12,097÷(0+1)
	15,092	14,509	14,306	*17,218*	12,097
계	0	3	3	1	0

2016년 스코틀랜드 총선 결과를 보면 스코틀랜드민족당이 전체 129석 중 절반에 가까운 63석을 획득했다. 나머지 의석은 보수당 31석, 노동당 24석, 녹색당 6석, 자유민주당 5석으로 나타났다. 스코틀랜드민족당의 지역구의석 점유가 무엇보다 두드러졌다. 전체 지역구의석 73석 중 59석이 스코틀랜드민족당에 돌아갔다. 노동당과 보수당은 비례의석 점유에서 두드러진다. 2016년 총선에서 노동당과 보수당은 높은 정당지지에 힘입어 전체 비례의석의 80%에 해당하는 45석을 가져갔다.

〈표 9〉 2016년 스코틀랜드 총선 결과

	스코틀랜드 민족당		노동당		보수당		녹색당		자유민주당		계	
	지역	비례	지역	비례	지역	비례	지역	비례	지역	비례	지역	비례
스코틀랜드 중부	9	0	0	4	0	3	0	0	0	0	9	7
글래스고	9	0	0	4	0	2	0	1	0	0	9	7
하일랜드/아일랜드	6	1	0	2	0	3	0	1	2	0	8	7
로디언	6	0	1	2	1	3	0	2	1	0	9	7
스코틀랜드 중부/파이프	8	0	0	2	0	4	0	1	1	0	9	7
북동부 스코틀랜드	9	0	0	2	1	4	0	0	0	1	10	7
스코틀랜드 남부	4	3	1	2	4	2	0	0	0	0	9	7
스코틀랜드 서부	8	0	1	3	1	3	0	1	0	0	10	7
계	59	4	3	21	7	24	0	6	4	1	73	56
	63		24		31		6		5		129	

초과의석이 어느 정당에서 발생했는지 확인하기 위해서는 정당득표율에 따라 비례배분한 배분의석과 지역구의석을 비교하면 된다. 배분의석보다 지역구의석이 많아 초과의석이 발생한 선거구는 스코틀랜드중부/파이프 선거구로 나타난다. 스코틀랜드 연동형은 특정 정당의 의석 과점으로 초과의석이 발생하면 초과의석이 발생하지 않은 정당의 비례의석을 줄이는 방법으로 처리한다. 스코틀랜드중부/파이프 선거구의 전체 배분의석 16석 중 스코틀랜드민족당의 배분의석 7석을 지역구의석과 같은 8석으로 조정하고 잔여 배분의석 8석은 득표 비례 배분한다. 조정된 배분의석은 스코틀랜드민족당 8석, 노동당 2석, 보수당 4석, 녹색당 1석, 자유민주당 1석이 된다. 이에 따라 각 정당의 비례의석은 스코틀랜드민족당 0석, 노동당 2석, 보수당 4석, 녹색당 1석, 자유민주당 0석이 된다.

〈표 10〉 2016년 스코틀랜드 총선의 초과의석 처리

	정당	스코틀랜드민족당	노동당	보수당	녹색당	자유민주당	계
스코틀랜드중부	정당득표	129,082	67,103	43,602	12,722	0	252,509
	배분의석	9	4	3	0	0	16
	지역구	9	0	0	0	0	9
	비례	0	4	3	0	0	7
글래스고	정당득표	111,101	59,151	29,533	23,398	0	223,183
	배분의석	9	4	2	1	0	16
	지역구	9	0	0	0	0	9
	비례	0	4	2	1	0	7

정당		스코틀랜드민족당	노동당	보수당	녹색당	자유민주당	계
하일랜드/아일랜드	정당득표	81,600	22,894	44,693	14,781	27,223	191,191
	배분의석	7	2	3	1	2	15
	지역구	6	0	0	0	2	8
	비례	1	2	3	1	0	7
로디언	정당득표	118,546	67,991	74,972	34,551	18,479	314,539
	배분의석	6	3	4	2	1	16
	지역구	6	1	1	0	1	9
	비례	0	2	3	2	0	7
스코틀랜드 중부/파이프	정당득표	120,128	51,373	73,293	17,860	20,401	283,055
	배분의석	7	3	4	1	1	16
	지역구	8	0	0	0	1	9
	배분조정	8	2	4	1	1	16
	비례	0	2	4	1	0	7
북동	득표	137,086	38,791	85,848	15,123	18,444	295,292
	배분	9	2	5	0	1	17
	지역	9	0	1	0	0	10
	비례	0	2	4	0	1	7
남부	득표	120,217	56,072	100,753	14,773	11,775	303,590
	배분	7	3	6	0	0	16
	지역	4	1	4	0	9	18
	비례	3	2	2	0	0	7
서부	득표	135,827	72,544	71,528	17,218	12,097	309,214
	배분	8	4	4	1	0	17
	지역	8	1	1	0	0	10
	비례	0	3	3	1	0	7

2. 순수 비례대표제: 2019년 오스트리아 총선

가. 2019년 총선 의석배분

오스트리아 하원선거(Nationalratswahl)의 의석배분은 권역(Region), 주(Land), 연방(Bund)의 순으로 아래에서부터 위로 단계별로 의석을 채우는 방식이다. 가장 큰 단위인 연방은 9개의 주(州)선거구(Landeswahlkreis)로 나뉘며, 9개 주는 다시 39개 권역선거구(Regionalwahlkreis)로 구분된다. 권역선거구부터 의석을 결정할때 가장 먼저 당선기수(Wahlzahl, electoral quota) 즉, 1석에 해당하는 득표수를 산출해야 한다.

당선기수가 정해지면 이를 이용하여 정당별 의석수를 산출한다. 그 다음 상위 선거구인 주(州)선거구에서는 권역선거구에서 결정된 의석을 제외한 숫자가 추가된다. 그리고 마지막 연방 단위에서는 총의석 183석이 결정되는데, 권역과 주 단위에서 결정된 의석이 연방 단위에서 산출된 의석수와 일치하도록 개별 정당의 의석을 조정하게 된다.

:: **오스트리아 의석배분의 특징(I)**

* 오스트리아 총선의 의석배분에 사용되는 당선기수는 유효투표총수를 할당의석수로 나눈 숫자로, 정당이 1석을 얻기 위한 평균득표수를 의미한다.
* 특정 정당이 할당된 의석보다 더 많은 의석 즉, 초과의석을 얻게 되면 초과의석이 발생하지 않은 정당의 의석을 감산하는 방법으로 총의석의 증가를 차단한다.
* 의석배분의 기준이 되는 봉쇄조항은 권역선거구 단위에서는 적용되지 않고, 주(州)선거구와 연방선거구에서 적용된다.

오스트리아 하원선거는 의석배분 전 단계로 주별 의석수를 정한다. 배분방식은 정수를 배분한 후 잔여의석은 소수점 이하가 큰 순으로 배분하는 헤어-니마이어식을 적용한다. 인구수를 총의석으로 나눈 비례배분 정수 41(7,504,357/183)을 산출하고, 이 정수로 개별 주의 인구수를 나눈 값이 할당의석이 된다. 주별 할당의석은 인구수가 가장 많은 니더외스터라이히(Niederösterreich)에 37석, 빈(Wien)33석, 오버외스터라이히(Oberösterreich) 32석, 쉬타이어마르크(Steiermark) 27석, 티롤(Tirol) 15석, 캐른텐(Kärnten) 13석, 그리고 인구수가 가장 적은 부르겐란트(Burgenland)에 7석이 배분된다. 비례배분 정수를 각 주의 인구수로 나눈 몫의 정수 부분을 먼저 배분하면 178석이 되는데 남은 5석은 소수점 이하가 큰 주의 순으로 추가 할당한다.

〈표 11〉 2019년 오스트리아 총선의 주별 의석수 산정

주(州)	인구수	비례배분정수	주별 의석수	정수	최대잔여수	계
부르겐란트	269,368		6.569	6	1	7
캐른텐	520,563		12.694	12	1	13
니더외스터라이히	1504,818		36.696	36	1	37
오버외스터라이히	1301,036		31.727	31	1	32
잘츠부르크	465,486	41,007,415 (7,504,357/183)	11.351	11	0	11
쉬타이어마르크	1130,332		27.564	27	0	27
티롤	635,202		15.490	15	0	15
포어알베르크	323,987		7.901	7	1	8
빈	1,353,565		33.008	33	0	33
계	7,504,357			178	5	183

나. 부르겐란트주 사례

2019년 오스트리아 총선의 의석배분방식을 부르겐란트(Burgenland) 주를 예로 들면, 권역단계 의석배분에서는 부르겐란트 북부와 남부 권역의 당선기수를 먼저 산출한다. 당선기수 산정은 주 단위 선거구의 유효투표총수(187,061표)를 할당의석(7석)으로 나눈 값(26,723표)이 된다. 부르겐란트 북부의 의석은 이 당선기수로 개별 정당의 득표를 나눈 몫이 되므로 북부에서는 국민당과 사민당(SPÖ)이 각각 1석을 얻고, 남부에서는 국민당만 1석을 얻어 총 3석이 확정된다.

주 단계와 연방 단계의 의석배분은 권역 단계에서 선거구 의석 1석 또는 연방 단위에서 4% 이상 득표한 정당에게만 허용된다. 주 단계 의석배분에서는 3개 정당(국민당, 사민당, 자유당)이 획득한 의석에서 권역 단계에서 이들 정당이 얻은 의석을 감산한 2석이 주(州)선거구의석이 된다.

부르겐란트주의 배분의석 7석 중 권역선거구에서 3석(북부: 2석, 남

부: 1석), 주(州)선거구에서 2석이 결정된 후, 남은 잔여의석 3석은 연방단계에서 채워진다. 이러한 상향식 의석배분방식은 의석 산정에 누락된 사표를 상위단계에서 다시 반영함으로써 사표 발생을 최소화하는 데 기여한다. 즉, 권역선거구 단계에서 의석산정에 반영되지 못한 정당의 득표는 주 단계에서 다시 반영되고, 주 단계에서 반영되지 못한 표는 연방단계에서 구제되는 시스템이다.

잔여의석 3석을 채우는 방법은 연방단위에서 총의석 183석을 득표비례로 산정하여 배분의석을 구하고, 이를 기준으로 부족한 의석을 채우면 된다. 그러나 주(州)선거구 단계에서 얻은 의석이 연방단계의 배분의석보다 많을 경우 그 잉여의석은 초과의석이 된다. 오스트리아는 초과의석이 발생하면 인정하지 않고 다른 정당의 의석을 차감하여 총의석이 늘어나지 않도록 한다.

〈표 12〉 2019년 오스트리아 총선 부르겐란트주 할당의석

	권역(A)					권역합산 의석 산정 (B)		주 (B-A)
	북부권역			남부권역				
국민당	37009	÷ 26,723	1	34557	÷ 26,723	1	71556	÷ 26,723	2	2-2=0
사민당	28872		1	26093		0	54965		2	2-1=1
자유당	16466		0	15982		0	32448		1	1-0=1
계	82347		2	76632		1	158969		5	2

2019년 오스트리아 총선에서 각 정당의 단계별 의석배분은 〈표 13〉과 같다. 처음 권역단계에서는 국민당(Österreichische Volkspartei) 48석,

사민당(Sozialdemokratishe Partei Österreichs) 16석, 자유당(Freiheitliche Partei Österreichs) 10석, 녹색당(Die Grünen) 5석으로 총 79석이 배분된다.

2단계 주별 배분에서는 전체 주에서 결정된 의석에서 권역의 선거구의석을 감산한 수가 주(州)선거구 의석이 된다. 국민당의 경우 주(州)선거구에서 63석이 결정되었고, 여기서 권역 선거구의석 48석을 감산한 15석이 주(州)선거구의석이 되는 방식이다. 같은 방법으로 사민당 19석, 자유당 16석, 네오스 10석, 녹색당 17석이 배분된다.

마지막 연방단계 의석배분에서는 총의석 183석을 득표 비례로 배분한 결과에서 권역과 주 단계에서 결정된 의석을 감산한 의석을 각 정당에 득표 비례로 배분한다.

〈표 13〉 2019년 오스트리아 총선의 단계별 의석배분

	국민당		사민당		자유당		네오스		녹색당		계	
1단계(권역)	48		16		10		0		5		79	
2단계(주)	63	48 / 15	35	16 / 19	26	10 / 16	10	0 / 10	22	5 / 17	156	79 / 77
3단계(연방)	8		5		5		5		4		27	
계	71		40		31		15		26		183	

총의석 183석을 득표 비례로 산출할 때는 동트식을 적용한다. 각 정당의 득표수를 1, 2, 3 등의 수로 나눈 몫의 크기에 따라 총의석 183석이 될 때까지 배분하면 국민당 71석, 사민당 40석, 자유당 31석, 네오스 15석, 녹색당 26석이 된다. 연방단계에서 득표 비례로 산출된 각 정

당의 총의석에서 권역과 주단계에서 확정된 의석을 감산하면 정당별 연방단계의 의석수가 결정된다. 계산 결과, 연방단계에서 새로 추가되는 의석은 27석으로 국민당 8석, 사민당 5석, 자유당 5석, 네오스 5석, 녹색당 4석이다.

〈표 14〉 정당별 득표 비례 배분의석(2019년 오스트리아 총선)

	국민당	사민당	자유당	네오스	녹색당
득표 제수	1,789,417	1,011,868	772,666	38,7124	664,055
1	1,789,417.0①	1,011,868.0②	772,666.0④	387,124.0⑨	664,055.0⑤
2	894,708.5③	505,934.0⑦	386,333.0⑩	193,562.0㉒	332,027.5⑬
3	596,472.3⑥	337,289.3⑫	257,555.3⑮	129,041.3㉝	221,352.6⑲
15	119,294.5㊲	67,457.9⑯	51,511.1㊻	25,808.3⑰⑦	44,270.3⑩②
26	68,823.7㊺	38,918.0⑯	29,717.9⑮⑤	14,889.4	25,540.6⑱⓪
31	57,723.1㊻	32,640.9⑬⑨	24,924.7⑱③	12,487.9	21,421.1
40	44,735.4⑩①	25,296.7⑱①	19,316.7	9,678.1	16,601.4
71	25,203.1⑱②	14,251.7	10,882.7	5,452.5	9,352.9
할당의석	182	181	183	177	180

그런데, 만약 녹색당의 2단계 주(州)선거구의석이 17석이 아닌 22석이라고 하면, 3단계 연방의 비례배분의석이 27석(5+22)이 되어 1석의 초과의석이 발생하게 된다. 초과의석은 '정당간 상쇄'를 통해 처리되는데, 원리는 '주간 조정'과 같다. '주간 조정'은 한 주에서 초과의석이 발생하면 다른 주에서 비례의석을 감산하는 방법이지만, '정당간 상쇄'는 한 정당에서 초과의석이 발생하면 다른 정당의 비례의석을 감산

하는 방법이다. 따라서 총의석 183석에서 녹색당의 의석 27석을 감산한 156석을 녹색당을 제외한 나머지 정당에 득표 비례로 배분한다. 배분 결과, 국민당 71석, 사민당 40석, 자유당 30석, 네오스 15석이 되어 총의석 확대 없이 초과의석이 상쇄된다.

〈표 15〉 정당별 득표 비례 배분의석(2019년 오스트리아 총선)

	국민당	사민당	자유당	네오스	녹색당	계
정당득표	1,789,417	1,011,868	772,666	387,124	664,055	4,625,130
득표 비례	71	40	31	15	26	183
초과 발생	71	40	31	15	27	184
초과 상쇄	71	40	30	15	27	183

:: **스코틀랜드와 오스트리아의 초과의석 처리방식 비교**

* 스코틀랜드와 오스트리아의 초과의석 발생 및 차단 메커니즘은 유사하다. 초과의석은 득표율에 따라 배분된 의석수보다 지역구(선거구)의석이 많을 경우 발생하고, 초과의석이 발생하면 초과의석이 발생하지 않은 정당의 비례의석을 줄여 총의석의 확대를 막는다.

* 다만, 스코틀랜드는 득표율에 따른 배분의석보다 지역구의석이 많을 경우 발생하는데 반해, 오스트리아는 권역별 의석배분 결과와 연방단위 비례배분 결과간 차이로 인해 발생한다. 또한 배분의석이 스코틀랜드에서는 권역단위에서 산정되지만, 오스트리아는 전국단위에서 정해진다.

3. 연동형과 보정형 결합방식: 독일 총선(2013, 2017, 2021)

가. 2013년 총선

2013년 독일 총선은 보정의석모델이 적용된 첫 번째 선거였다. 따라서 초과의석이 발생하면 초과의석이 완전히 없어질 때까지 보정의석을 추가로 배분하게 된다. 그런데 보정의석 배분 후 늘어난 의석을 각 주에 하위배분할 때 다시 초과의석이 발생할 수 있다. 그 이유는 정당의 주 단위에서 발생한 초과의석에 대한 보정의석을 연방단위에서 산정하고, 이 보정의석을 개별 주에 배분할 때 정당득표율에 따라 배분하기 때문이다. 초과의석이 다시 발생한다고 또 보정의석을 배분하지는 않는다. 의석수의 과도한 증가를 막기 위한 목적이다. 이 경우 보정의석 배분 대신 '주간 조정'으로 처리한다.

2013년 총선에서 초과의석과 보정의석이 배분되는 과정은 다음과 같다. 인구수에 따라 주별 의석수를 할당한 후 정당별 득표율에 따라 배분의석을 산정한다. 정당의 배분의석보다 지역구의석이 많으면 초과의석이 발생한다. 2013년 총선에서 기민당은 브란덴부르크(BB), 작센-안할트(ST), 튀링엔(TH), 자를란트(SL)의 4개 주에서 4석의 초과의석이 발생했다. 초과의석 (또는 의석과점)을 상쇄하는 각 정당의 의석수는 기민당 255석, 사민당 193석, 좌파당 64석, 녹색당 63석, 기사당 56석으로 나타났다.[01]

그러나 기민당의 255석을 주별로 배분했을 때 초과의석이 브란덴부르크(BB)와 작센-안할트(ST), 튀링엔(TH)에서 각각 1석씩 발생한다.

---

01 정당별 의석수가 이렇게 될 때 초과의석이 0이 되어 완전히 상쇄된다는 의미이다. 따라서 각 정당의 보정의석은 모두 29석이 된다. 2013년 총선에서 보정의석의 규모를 정한 것은 기민당이 아니다. 기사당의 의석과점으로 인한 불비례가 기민당보다 더 크기 때문에 보정의석의 규모는 기사당의 불비례를 해소하는 지점에서 결정된다.

다시 발생하는 초과의석에 대해서는 보정방식을 부여하는 방식이 아니라 '주간 조정'(inner-party compensation)을 이용하여 해결한다. 즉, 초과의석이 발생한 브란덴부르크(BB), 작센-안할트(ST), 자를란트(SL) 주에 지역구의석 27석(9+9+9)을 배분하고 나머지 228석(255-27)을 정당 득표율에 따라 비례배분하여 초과의석을 상쇄한다.

〈표 16〉 2013년 총선 적용 기민당 '주간 조정'

주(州)	배분의석	지역구의석	초과의석	보정의석	주간 조정
SH	10	9	0	11	11
MV	6	6	0	6	6
HH	5	1	0	5	5
NI	28	17	0	31	31
HB	1	-	0	2	2
BB	8	9	1	8	9
ST	8	9	1	8	9
BE	8	5	0	9	9
NW	59	37	0	65	63
SN	16	16	0	17	17
HE	20	17	0	21	21
TH	8	9	1	8	9
RP	15	14	0	16	16
BY	-	-	0	-	0
BW	43	38	0	44	43
SL	3	4	1	4	4
계	238	191	4	255	255

주) SH: 쉴레스비히-홀쉬타인, HH: 함부르크, NI: 니더작센, HB: 브레멘, RP: 라인란트-팔츠, HE: 헤센, SL: 자를란트, BY: 바이에른, NW: 노르트라인-베스트팔렌, BW: 바덴-뷔르템베르크, BE: 베를린, ST: 작센-안할트, SN: 작센, BB: 브란덴부르크, MV: 멕클렌부르크-포어폼먼, TH: 튀링엔.

나. 2017년 총선

2017년 독일 총선에서는 초과의석이 46석(기민당 36석, 사민당 3석, 기사당 7석) 발생했다. 초과의석 상쇄를 위해 보정의석은 65석이 소요되어 전체 의석은 총 709석(기민당 200석, 사민당 153석, 대안당 94석, 자민당 80석, 좌파당 69석, 녹색당 67석, 기사당 46석)으로 증가했다.

그런데 보정의석이 추가됨에 따라 기민당과 사민당의 늘어난 의석을 주별 득표율에 따라 배분하면 또 초과의석이 발생하게 된다. 기민당에서는 MV, BB, ST, SN, TH, BW의 6개 주에서 총 15석이 발생한다. 사민당에서는 함부르크(HH)와 브레멘(HB) 주에서 각각 1석씩 2석의 초과의석이 발생한다.

이 초과의석들은 배분의석의 '주간 조정'을 통해 해결한다. 즉, 초과의석이 발생한 주의 배분의석을 초과의석과 동수로 설정하는 방식이다. 예컨대, 기민당에서는 멕클렌부르크-포어폼먼(MV) 6석, 브란덴부르크(BB)와 작센-안할트(ST) 각각 9석, 작센(SN) 12석, 튀링엔(TH) 8석, 바덴-뷔르템베르크(BW) 38석으로 배분의석을 설정한다. 초과의석이 발생하지 않은 주에는 전체 배분의석 200석에서 동수로 설정하는데 소요된 80석을 제외한 120석을 득표 비례로 배분한다. 사민당도 함부르크(HH)와 브레멘(HB)에 배분의석수를 조정하는 방법으로 초과의석을 처리한다.

주(州)	배분의석		지역구의석		초과의석		보정의석		주간 조정	
	기민	사민	기민	사민	기민	사민	기민	사민	기민	사민
SH	7	5	10	1	3	0	9	6	8	6
MV	4	2	6	0	2	0	5	2	6	2
HH	3	3	1	5	0	2	4	4	4	5
NI	21	7	16	14	0	0	26	21	23	20
HB	1	1	0	2	0	1	1	1	1	2
BB	6	4	9	1	3	0	6	4	9	4
ST	5	3	9	0	4	0	6	3	9	3
BE	6	5	4	3	0	0	7	5	6	5
NW	43	35	38	26	0	0	52	41	46	41
SN	9	4	12	0	3	0	11	4	12	4
HE	14	11	17	5	3	0	17	13	15	12
TH	5	3	8	0	3	0	6	3	8	3
RP	11	8	14	1	3	0	14	9	12	9
BY	-	15	0	0	-	0	-	18	-	18
BW	27	13	38	0	11	0	33	16	38	16
SL	2	2	3	1	1	0	3	3	3	3
계	164	131	185	59	36	3	200	153	200	153

다. 2021년 총선

2021년 총선의 경우 초과의석이 발생하면 이전과 달리 일부는 '주간 조정', 일부는 '정당간 보정'을 적용하는 방식으로 변경되었다. 주간 조정으로 처리하는 초과의석은 복수(複數)의 주에 정당명부를 제출하는 정당에 적용할 수 있는 방식인 반면, 기사당과 같이 바이에른(BY) 주에서만 명부후보를 출마시키는 정당에는 주간 조정을 사용할 수 없고 정당간 보정으로만 처리해야 한다.

기민당에서 발생한 초과의석 12석을 주간 조정으로 처리하는 방법은 전체 배분의석 122석 중 33석을 바덴-뷔르템베르크(BW)의 지역구의석과 동수로 설정하고 잔여 배분의석 89석을 초과의석이 발생하지 않은 14개 주에 득표 비례로 배분하는 것이다.

사민당의 초과의석도 쉴레스비히-홀슈타인(SH), 멕클렌부르크-포어폼먼(MV), 니더작센(NI), 브란덴부르크(BB), 헤센(HE)의 지역구의석 수에 맞춰 배분의석을 설정하고 잔여 배분의석을 득표 비례 배분하는 방법으로 처리한다.

대안당(AfD)에서도 작센(SN) 주에서 발생한 초과의석 1석을 상쇄하기 위해 전체 배분의석 69석 중 지역구의석 10석을 작센(SN) 주의 배분의석으로 설정하고 잔여의석을 다른 15개 주에 비례배분한다. 배분 결과, 작센주의 초과의석 1석을 상쇄하는 대신 멕클렌부르크-포어폼먼(MV) 주의 배분의석 1석을 줄인다.

〈표 18〉 2021년 총선의 초과의석에 대한 '주간 조정'

주(州)	배분의석			지역구의석			초과의석			주간조정		
	기민	사민	대안	기민	사민	대안	기민	사민	대안	기민	사민	대안
SH	5	6	2	2	8	0	0	2	0	5	8	2
MV	2	4	3	-	6	0	0	2	0	2	6	2
HH	2	4	1	-	4	0	0	0	0	2	4	1
NI	15	21	5	8	22	0	0	1	0	13	22	5
HB	1	2	0	-	2	0	0	0	0	1	1	0
BB	3	7	4	-	10	0	0	3	0	3	10	4
ST	4	5	3	3	4	2	0	0	0	3	4	3

주(州)	배분의석			지역구의석			초과의석			주간조정		
	기민	사민	대안	기민	사민	대안	기민	사민	대안	기민	사민	대안
BE	4	6	2	3	4	0	0	0	0	3	6	2
NW	35	40	10	30	30	0	0	0	0	31	37	10
SN	6	7	9	4	1	10	0	0	1	5	6	10
HE	11	13	4	7	14	0	0	1	0	9	14	4
TH	3	4	4	1	3	4	0	0	0	3	4	4
RP	8	10	3	7	8	0	0	0	0	7	9	3
BY	-	20	10	-	-	0	0	0	0	-	18	10
BW	21	18	8	33	1	0	12	0	0	33	17	8
SL	2	3	1	-	4	0	0	1	0	2	4	1
계	122	170	69	98	121	16	12	10	1	122	170	69

　'주간 조정' 후 실시되는 '정당간 보정'을 위해서는 기사당의 초과의석 8석에 대한 각 정당의 보정의석을 먼저 산출한다. 기사당의 초과의석 8석을 상쇄할 수 있는 각 당의 보정의석은 기민당 152석, 사민당 206석, 대안당 83석, 자민당 92석, 좌파당 39석, 녹색당 118석이 된다.

　보정의석 배분 결과, 기민당과 사민당에서 다시 초과의석이 발생한다. 기민당은 바덴-뷔르템베르크(BW) 주에서 7석, 사민당은 멕클렌부르크-포어폼먼(MV) 주와 브란덴부르크(BB) 주에서 각각 1석과 2석의 초과의석이 발생한다. 기민당의 초과의석을 상쇄하기 위해 전체 배분의석 152석에서 바덴-뷔르템베르크 주에 33석을 설정하고 잔여의석을 득표 비례로 배분한다. 사민당에서는 멕클렌부르크-포어폼먼(MV) 주와 브란덴부르크(BB) 주의 배분의석을 6석과 10석으로 설정하고 잔여의석을 비례배분하면 된다.

<표 19> 2021년 총선의 보정의석에 대한 '주간 조정'

주(州)	지역구의석			초과의석	보정의석		주간조정	
	기민	사민	대안	기사	기민	사민	기민	사민
SH	2	8	0	0	7	8	6	8
MV	-	6	0	0	3	5	3	6
HH	-	4	0	0	3	5	3	5
NI	8	22	0	0	19	26	18	25
HB	-	2	0	0	1	2	1	2
BB	-	10	0	0	4	8	4	10
ST	3	4	2	0	4	5	4	5
BE	3	4	0	0	5	7	5	7
NW	30	30	0	0	44	50	42	49
SN	4	1	10	0	7	8	7	8
HE	7	14	0	0	13	16	12	15
TH	1	3	4	0	4	5	3	5
RP	7	8	0	0	10	12	9	12
BY	-	-	0	8	-	23	-	23
BW	33	1	0	0	26	22	33	22
SL	-	4	0	0	2	4	2	4
계	98	121	16	8	152	206	152	206

PART 4
스칸디나비아식 보정형

1. 국가별 사례

가. 2018년 스웨덴 총선

스웨덴은 전체의석 349석 중 310석은 유권자수를 기준으로 할당한 개별 선거구에서 개방형 명부제 방식으로 결정하고, 39석은 사표 발생으로 인한 불비례를 보정하는 목적으로 배분한다. 선거구의석 310석은 전국단위 4% 이상 득표율 또는 선거구 단위에서 12% 이상의 득표율을 얻은 정당에 한해 배분된다. 이때 적용되는 의석배분방식은 나눔수를 1.2로 시작하는 '수정 셍뜨-라귀식'(modified Sainte-Laguë method)이다. 보정의석 39석도 수정 셍뜨-라귀식에 따라 득표율 4% 이상을 얻은 정당을 대상으로 배분된다. 그러나 정당에 배분된 보정의석을 개별 선거구에 배분할 때에는 나눔수가 1, 3, 5 등으로 배열되는 셍뜨-라귀식을 사용한다.

스웨덴의 초과의석 처리방법은 다른 스칸디나비아 국가의 보정형과 비교할 때 독특하다. 스웨덴은 정당의 전국단위 득표율에 따른 배분의석보다 선거구의석이 많아 초과의석이 발생하면 선거구의석의 삭제를 통해 총의석이 증가하는 것을 막는다. 삭제되는 선거구의석은 득표수가 가장 적은 선거구의석이 해당된다.[01] 스웨덴의 초과의석 처리 방식은 1954년 독일 바이에른 주의회 선거에 적용된 방식과 유사하다. 당시 지역구선거에서 선출된 초과의석을 탈락시킨다는 점에서 논쟁적 이었으나 1954년 바이에른 헌법재판소(Bayerischer Verfassungsgerichtshof) 에서 합헌 결정을 받았다.

보정의석을 산정하기 위해서는 각 정당의 득표율에 비례한 배분의 석수를 알아야 한다. 정당별 득표수를 나눔수로 나눈 몫이 큰 순으로 총의석 349석에 도달할 때까지 순차적으로 배분하면, 사민당(Sveriges Socialdemokratiska Arbetareparti) 100석, 보수당(Moderata Samlingspartiet) 70석, 스웨덴민주당(Sverigedemokraterna) 62석, 중앙당(Centerpartiet) 31석, 좌파 당(Vänsterpartiet) 28석, 기민당(Kristdemokraterna) 22석, 자유당(Liberalerna) 20석, 녹색당(Miljöpartiet de gröna) 16석이다.

배분의석이 확정되면 개별 선거구에서 정당이 얻은 의석수를 감산 하여 보정의석을 구할 수 있다. 예컨대, 사민당의 보정의석은 정당득 표율에 따른 이상적 배분의석 100석에서 선거구의석 94석을 감산한 6 석이 된다. 보수당은 정당득표율에 따라 70석이 배분되는데 선거구에 서 66석을 얻었다. 배분의석에서 선거구의석을 뺀 4석이 보정의석으 로 추가된다.

01 지역구와 비례대표의 혼합식 선거제도에서 선거구의석은 지역구의석을 의미하지 만, 스칸디나비아 국가와 같이 비례대표제의 경우 선거구의석은 비례(선거구) 의 석을 말한다.

〈표 1〉 스웨덴 2018년 총선: 배분의석 산정

		사민당	보수당	스웨덴 민주당	중앙당	좌파당	기민당	자유당	녹색당
		1830386	1284698	1135627	557500	518454.0	409478.0	355546.0	285899
1	1.2	1525321.7	1070581.7	946355.8	464583.3	432045.0	341231.7	296288.3	238249.2
2	3	610128.7	428232.7	378542.3	185833.3	172818.0	136492.7	118515.3	95299.7
3	5	366077.2	256939.6	227125.4	111500.0	103690.8	81895.6	71109.2	57179.8
15	29	63116.8	44299.9	39159.6	19224.1	17877.7	14119.9	12260.2	9858.6
16	31	59044.7	41441.9	36633.1	17983.9	16724.3	13209.0	11469.2	9222.5
17	33	55466.2	38930.2	34412.9	16893.9	15710.7	12408.4	10774.1	8663.6
18	35	52296.7	36705.7	32446.5	15928.6	14813.0	11699.4	10158.5	8168.5
19	37	49469.9	34721.6	30692.6	15067.6	14012.3	11067.0	9609.4	7727.0
20	39	46933.0	32941.0	29118.6	14294.9	13293.7	10499.4	9116.6	7330.7
21	41	44643.6	31334.1	27698.2	13597.6	12645.2	9987.3	8671.9	6973.1
22	43	42567.1	29876.7	26409.9	12965.1	12057.1	9522.7	8268.5	6648.8
23	45	40675.2	28548.8	25236.2	12388.9	11521.2	9099.5	7901.0	6353.3
27	53	34535.6	24239.6	21426.9	10518.9	9782.2	7726.0	6708.4	5394.3
28	55	33279.7	23358.1	20647.8	10136.4	9426.4	7445.1	6464.5	5198.2
29	57	32112.0	22538.6	19923.3	9780.7	9095.7	7183.8	6237.6	5015.8
30	59	31023.5	21774.5	19247.9	9449.2	8787.4	6940.3	6026.2	4845.7
31	61	30006.3	21060.6	18616.8	9139.3	8499.2	6712.8	5828.6	4686.9
32	63	29053.7	20392.0	18025.8	8849.2	8229.4	6499.7	5643.6	4538.1
33	65	28159.8	19764.6	17471.2	8576.9	7976.2	6299.7	5469.9	4398.4
61	121	15127.2	10617.3	9385.3	4607.4	4284.7	3384.1	2938.4	2362.8
62	123	14881.2	10444.7	9232.7	4532.5	4215.1	3329.1	2890.6	2324.4
63	125	14643.1	10277.6	9085.0	4460.0	4147.6	3275.8	2844.4	2287.2
69	137	13360.5	9377.4	8289.2	4069.3	3784.3	2988.9	2595.2	2086.9
70	139	13168.2	9242.4	8170.0	4010.8	3729.9	2945.9	2557.9	2056.8
71	141	12981.5	9111.3	8054.1	3953.9	3677.0	2904.1	2521.6	2027.7
72	143	12799.9	8983.9	7941.4	3898.6	3625.6	2863.5	2486.3	1999.3
99	197	9291.3	6521.3	5764.6	2829.9	2631.7	2078.6	1804.8	1451.3
100	199	9197.9	6455.8	5706.7	2801.5	2605.3	2057.7	1786.7	1436.7
	계	100	70	62	31	28	22	20	16

배분의석에서 각 정당이 선거구에서 얻은 의석을 감산하면 보정의석이 된다. 정당별 보정의석은 사민당 6석, 보수당 4석, 스웨덴민주당 1석, 중앙당 0석, 좌파당 3석, 기민당 6석, 자유당 8석, 녹색당 11석이 된다.

〈표 2〉 2018년 스웨덴 총선 정당별 의석배분

정당	정당득표	득표율	배분의석	선거구의석	보정의석	계
사민당	1,830,386	28.26	100	94	6	100
보수당	1,284,698	19.84	70	66	4	70
스웨덴민주당	1,135,627	17.53	62	61	1	62
중앙당	557,500	8.61	31	31	0	31
좌파당	518,454	8.00	28	25	3	28
기민당	409,478	6.32	22	16	6	22
자유당	355,546	5.49	20	12	8	20
녹색당	285,899	4.41	16	5	11	16
페미니스트 이니셔티브	29,665	0.46	0	0	0	0
기타	69,472	1.07	0	0	0	0
계	6,476,725	99.99	349	310	39	349

각 정당의 보정의석 39석은 선거구별로 배분된다. 보정의석을 선거구에 배분할 때는 득표수가 많은 순서를 따른다. 보수당의 경우 4석의 보정의석은 10,823.33표로 가장 많은 득표수의 외레브로주(Örebro län)에 먼저 배분되고, 그다음으로 10,591.60표의 베스트라-괴탈란드주 서부(Västra Götalands läns västra), 10,095.66표의 스톡홀름주(Stockholms län), 9,926.00표의 할란드주(Hallands län) 선거구에 배분된다. 스웨덴민주당의 보정의석 1석은 10,095.66표의 스톡홀름주 1곳에만 배분된다.

	보수당 (M)	스웨덴민주당 (SD)	좌파당 (V)	자유당 (L)	녹색당 (MP)	기민당 (KD)	사민당 (A)
1	10,823.33 외레브로주	10,095.66 스톡홀름주	11,029 베스트라 괴탈란드노라	9,930 스코네주 서부	13,404 웁살라주	11,657 베름란드주	11,037 스코네주 남부
2	10,591.60 베스트라 괴탈란드주 서부		10,498 할란드주	9,597.6 스톡홀름시	12,595 외스테르 예틀란드주	11,522 달라르나주	9,890.7 스톡홀름주
3	10,095.66 스톡홀름주		10,106 베스트라 괴탈란드주 동부	9,448 베스트만란즈주	12,435 스코네주	11,347 베스트라 예탈란드주 북부	9,716.6 외스테르 예틀란드주
4	9,926.00 할란드주			9,096 옌셰핑주	12,166 베스트라 괴탈란드주 서부	10,445 베스트라 괴탈란드주 남부	9,683 스톡홀름시
5				8,984 스카네주 북동부	10,783 말뫼시	10,257 스카네주 서부	9,544 엠틀란드주
6				8,888 외레브로주	9,408.8 스톡홀름시	10,089 쇠데르만란드주	9,309.7 웁살라주
7				8,445.66 괴테보리시	8,095.3 괴테보리시		
8				8,168 베름란드주	7,808.4 스톡홀름주		
9					7,690 할란드주		
10					7,401 옌셰핑주		
11					7,189 외레브로주		
계	4	1	3	8	11	6	6

각 정당의 보정의석은 선거구의석을 배분한 후 그 후순위로 추가된다. 스톡홀름시(Stockholms kommun) 선거구의 경우 보정의석은 중앙당(C), 기민당(KD), 좌파당(V)에 1석씩 배분되는데, 이 보정의석 3석은 중앙당의 4번째, 기민당의 2번째, 좌파당의 5번째 의석으로 추가된다. 마찬가지로 괴테보리시(Göteborgs kommun) 선거구에서는 보정의석이 자유당(L)과 녹색당(MP)의 선거구의석이 배분된 다음 자리에 배분된다.

〈표 4〉 선거구별 선거구의석과 배분의석

선거구	정당	선거구의석	보정의석	선거구	정당	선거구의석	보정의석	선거구	정당	선거구의석	보정의석
스톡홀름시 (Stockholms kommun)	M	7	0	괴테보리시 (Göteborgs kommun)	M	4	0	스톡홀름주 (Stockholms län)	M	10	1
	C	3	1		C	1	0		C	3	0
	L	2	0		L	1	1		L	3	0
	KD	1	1		KD	1	0		KD	3	0
	A	7	0		A	4	0		A	9	1
	V	4	1		V	3	0		V	3	0
	MP	2	0		MP	1	1		MP	2	1
	SD	3	0		SD	2	0		SD	6	1
	계	29	3		계	17	2		계	39	4
옵살라주 (Uppsala län)	M	2	0	베스트라 괴탈란드주 서부 (Västra Götalands läns västra)	M	2	1	베스트라 괴탈란드주 북부 (Västra Götalands läns norra)	M	2	0
	C	1	0		C	1	0		C	1	0
	L	1	0		L	1	0		L	0	0
	KD	1	0		KD	1	0		KD	0	1
	A	3	1		A	3	0		A	3	0
	V	1	0		V	1	0		V	0	1
	MP	0	1		MP	0	1		MP	0	0
	SD	2	0		SD	2	0		SD	2	0
	계	11	2		계	11	2		계	8	2

선거구	정당	선거구의석	보정의석	선거구	정당	선거구의석	보정의석	선거구	정당	선거구의석	보정의석
쇠데르만란드주 (Södermanlands län)	M	2	0	베스트라괴탈란드주 남부 (Västra Götalands läns södra)	M	2	0	베스트라괴탈란드주 동부 (Västra Götalands läns östra)	M	2	0
	C	1	0		C	1	0		C	1	0
	L	0	0		L	0	0		L	0	0
	KD	0	1		KD	0	1		KD	1	0
	A	3	0		A	2	0		A	3	0
	V	1	0		V	0	0		V	0	1
	MP	0	0		MP	0	0		MP	0	0
	SD	2	0		SD	2	0		SD	2	0
	계	9	1		계	7	1		계	9	1
외스테르예틀란드주 (Östergötlands län)	M	3	0	옌셰핑주 (Jonkopings län)	M	2	0	베름란드주 (Värmlands län)	M	2	0
	C	1	0		C	1	0		C	1	0
	L	1	0		L	0	1		L	0	1
	KD	1	0		KD	2	0		KD	0	1
	A	4	1		A	3	0		A	3	0
	V	1	0		V	1	0		V	1	0
	MP	0	1		MP	0	1		MP	0	0
	SD	3	0		SD	2	0		SD	2	0
	계	14	2		계	11	2		계	9	2
크로노베리주 (Kronobergs län)	M	1	0	외레브로주 (Örebro län)	M	1	1	칼마르주 (Kalmar län)	M	1	0
	C	1	0		C	1	0		C	1	0
	L	0	0		L	0	1		L	0	0
	KD	0	0		KD	1	0		KD	1	0
	A	2	0		A	3	0		A	3	0
	V	0	0		V	1	0		V	0	0
	MP	0	0		MP	0	1		MP	0	0
	SD	2	0		SD	2	0		SD	2	0
	계	6	0		계	9	3		계	8	0
고틀란드주 (Götlands län)	M	0	0	베스트만란드주 (Vastmanlands län)	M	2	0	달라르나주 (Dalarnas län)	M	2	0
	C	1	0		C	0	0		C	1	0
	L	0	0		L	0	1		L	0	0
	K	0	0		KD	0	0		K	0	1
	A	1	0		A	3	0		A	3	0
	V	0	0		V	1	0		V	1	0
	MP	0	0		MP	0	0		MP	0	0
	SD	0	0		SD	2	0		SD	2	0
	계	2	0		계	8	1		계	9	1

선거구	정당	선거구의석	보정의석	선거구	정당	선거구의석	보정의석	선거구	정당	선거구의석	보정의석
블레킹에주 (Blekinge län)	M	1	0	가블레보그주 (Gavleborgs län)	M	2	0	말뫼시 (Malmö kommun)	M	2	0
	C	0	0		C	1	0		C	1	0
	L	0	0		L	0	0		L	1	0
	KD	0	0		KD	0	0		KD	0	0
	A	2	0		A	3	0		A	3	0
	V	0	0		V	1	0		V	1	0
	MP	0	0		MP	0	0		MP	0	1
	SD	2	0		SD	2	0		SD	2	0
	계	5	0		계	9	0		계	10	1
스코네주서부 (Skåne län västra)	M	2	0	베스테르나를란드주 (Västernrrlands län)	M	1	0	엠틀란드주 (Jämtlands län)	M	1	0
	C	1	0		C	1	0		C	1	0
	L	0	1		L	0	0		L	0	0
	KD	0	1		KD	0	0		KD	0	0
	A	3	0		A	4	0		A	1	0
	V	0	0		V	1	0		V	0	1
	MP	0	0		MP	0	0		MP	0	0
	SD	3	0		SD	1	0		SD	1	0
	계	9	2		계	8	0		계	4	1
스코네주 남부 (Skåne läns sodra)	M	3	0	베스테르보텐주 (Väster bottens län)	M	2	0	스코네주 북동부 (Skåne läns norra och östra)	M	2	0
	C	1	0		C	1	0		C	1	0
	L	1	0		L	0	0		L	0	1
	K	1	0		K	0	0		KD	1	0
	A	2	1		A	4	0		A	3	0
	V	1	0		V	1	0		V	0	0
	MP	0	1		MP	0	0		MP	0	0
	SD	3	0		SD	1	0		SD	3	0
	계	12	2		계	9	0		계	10	1
노르보텐주 (Norrbottens län)	M	1	0	할란드주 (Hallands län)	M	2	1	계	M	66	4
	C	1	0		C	1	0		C	31	0
	L	0	0		L	1	0		L	12	8
	KD	0	0		KD	1	0		KD	16	6
	A	4	0		A	3	0		A	94	6
	V	1	0		V	0	1		V	25	3
	MP	0	0		MP	0	1		MP	5	11
	SD	1	0		SD	2	0		SD	61	1
	계	8	0		계	10	3		계	310	39

주) M: 보수당(Moderaterna), C: 중앙당(Centerpartiet), L: 자유당(Liberalerna), KD: 기독민주당(Kristdemokraterna), A: 사회민주당(Arbetarepartiet-Socialdemokraterna), V: 좌파당(Vänsterpartiet), SD: 스웨덴민주당(Sverigedemokraterna), FI: 패미니스트이니셔티브(Feministiskt initiativ), MP: 녹색당(Miljopartiet de grona).

나. 2019년 덴마크 총선

개방형 명부제를 실시하는 덴마크에서 유권자는 1표를 행사하는데, 정당기표를 통해 정당명부를 선택하거나(party vote), 정당명부에 등재된 특정 후보를 선택할 수 있다(personal vote). 덴마크는 3개 권역과 10개의 선거구로 이루어져 있다. 의회 의석은 선거구단계와 전국단계에서 결정된다. 전체의석 179석 중 4석은 자치령인 그린란드(Greenland)와 페로제도(Faroe Islands)에서 2석씩 선출한다. 나머지 175석은 3개 권역(region)에 할당한다.[02] 이 중 선거구의석 135석은 10개의 중대선거구(multi-member constituency)에서 당선인을 결정하고, 40석은 선거구 단위에서 사표로 인한 불비례를 완화하기 위해 전국단위에서 보정의석으로 각 정당에 배분한다. 선거구의석 배분에 요구되는 봉쇄조항(electoral threshold)은 선거구의석 1석 또는 득표율 2% 또는 전체 3개 권역 중 2개 권역에서 1석에 해당하는 평균 유효득표수이다. 3개 요건 중 하나만 충족하면 의석배분 대상이 된다. 보정의석은 득표율 2% 이상의 봉

---

02 덴마크는 권역별로 의석을 할당할 때 주민수를 비롯하여 직전 선거의 유권자수, 면적(제곱킬로미터)×20을 합산한 결과를 의석수 산정에 반영한다. 따라서 인구밀도가 낮은 지역도 대표성을 높일 수 있다.

쇄조항을 통과한 정당을 대상으로 배분한다.

수도권 권역의 3개 선거구에 할당된 총 38석의 정당별 의석점유를 보면, 사회민주당(Socialdemokratiet, A) 11석, 급진좌파당(Radikale Venstre, B) 5석, 보수국민당(Det Konservative Folkeparti, C) 3석, 사회국민당(SF-Socialistisk Folkeparti, F) 4석, 덴마크국민당(Dansk Folkeparti, O) 2석, 좌파당(Venstre, V) 2석, 적녹연맹(Enhedslisten-De Rød-Grønne, Ø) 3석, 대안당(Alternativet, Å) 1석이다.

덴마크는 다양한 의석배분방식을 사용한다. 권역별로 인구수에 비례해 할당된 선거구의석 135석을 정당별로 배분할 때 수정 셍뜨-라귀식을 사용한다. 선거구의석이 정해진 후 40석의 보정의석을 봉쇄조항을 통과한 정당에 헤어-니마이어식을 적용하여 배분한다. 정당에 배분된 의석은 다시 권역, 선거구 단위로 하위배분되는데, 권역 배분에는 셍뜨-라귀식을, 권역별 의석을 선거구에 배분할 때는 1, 4, 7, 10 등의 나눔수 배열을 갖는 덴마크식을 적용한다. 선거구의석은 최종적으로 하겐바흐-비숍 방식에 따른 당선기수를 획득한 후보에게 먼저 돌아가고 잔여의석은 명부순으로 당선인이 결정된다.

:: **덴마크식과 스칸디나비아식**

* 덴마크식은 나눔수를 1, 4, 7, 10 등으로 나눔수의 간격이 동트식이나 셍뜨-라귀식(Sainte-Laguë method)보다 넓어 작은 규모의 선거구에서 특정 정당으로 의석이 집중되는 것을 억제하는 효과를 보인다.
* 스칸디나비아식은 정당의 득표를 나눔수 1.4, 3, 5, 7 또는 0.7, 1.5, 2.5 등으로 나눈 몫이 큰 순으로 의석을 배분하는 방식이다.

덴마크의 보정의석방식은 비례성을 높여 정당체제의 분산도를 높이는 효과를 보인다. 2019년 덴마크 총선 결과에 정당의 분산수준을 측정하는 유효정당수(Effective Number of Parties, ENP)를 산출하면 보정의석 배분 전에는 4.57개로 나타나지만 배분 후에는 5.87개로 증가하는 것으로 나타난다.

:: 유효정당수 산출

* 유효정당수 계산은 정당체계의 분산도를 측정하는데 유용한 기준을 제공한다. 이를 통해 국가간, 제도간 거시적 비교가 가능해지고, 정당체계의 분산도에 영향을 미치는 요인들을 설계하는 과정에서 미세 조정이 가능하게 된다. 계산방식은 정당의 상대적 크기로 가중치를 부여해 산출한다($N=1/\Sigma Si^2$).

의석배분은 우선 개별 정당의 선거구의석을 권역에 배분한다. 수도권(Metropolitan Copenhagen), 셸란섬/남부(Sealand-Southern Denmark), 유틀란트중북부(Northern/Central Jutland)의 3개 권역에 배분한 후 다시 선거구단위에 하위배분한다. 수도권 권역의 경우 38석이 할당되는데, 이는 다시 선거구 4곳(København, Københavns Omegn, Nordsjælland, Bornholm)에 각각 16석, 10석, 10석, 2석으로 나뉜다. 쾨벤하운(København) 선거구의석 16석을 예로 들면 1, 2, 3 등의 나눔수로 나눈 몫(득표수)이 큰 순으로 A당(77,879표), Ø당(75,935표), B당(74,135표) 등에 순차적으로 16석이 배분된다. 그 결과 A당 3석, B당 3석, C당 1석, F당 2석, O당 1석, V당 2석, Ø당 3석, Å당 1석이 된다.

쾨벤하운 오마인(Københavns Omegn), 노르즈젤란트(Nordsjælland), 보른홀름(Bornholm) 권역의 경우도 각각 10석, 10석, 2석의 할당의석을 득표율에 따라 배분한다.

〈표 5〉 2019년 덴마크 총선 정당별 선거구의석(수도권)

• 쾨벤하번(København)

		A	B	C	D	E	F	I	K	O	P	V	Ø	Å	계
		77879	74135	23829	6417	4382	52176	11655	3268	19181	5717	67819	75935	29405	451798
1	1.4	55628 ①	52954 ③	17021 ⑫	4584	3130	37269 ⑤	8325	2334	13701 ⑯	4084	48442 ④	54239 ②	21004 ⑩	
2	3	25960 ⑥	24712 ⑧	7943	2139	1461	17392 ⑪	3885	1089	6394	1906	22606 ⑨	25312 ⑦	9802	
3	5	15576 ⑬	14827 ⑮	4766	1283	876	10435	2331	654	3836	1143	13564	15187 ⑭	5881	
소계		3	3	1	0	0	2	0	0	1	0	2	3	1	16

• 쾨벤하운 오마인(Københavns Omegn)

		A	B	C	D	E	F	I	K	O	P	V	Ø	Å	계
		79845	33638	28994	7144	2481	29101	7914	2930	25419	5914	53355	22400	9535	308670
1	1.4	57032 ①	24027 ④	20710 ⑥	5103	1772	20786 ⑤	5653	2093	18156 ⑦	4224	38111 ②	16000 ⑨	6811	
2	3	26615 ③	11213	9665	2381	827	9700	2639	977	8473	1971	17785 ⑧	7467	3178	
3	5	15969 ⑩	6728	5799	1429	496	5820	1583	586	5084	1183	10671	4480	1907	
4	7	13308	5606	4832	1191	414	4850	1319	488	4237	986	8893	3733	1589	
소계		3	1	1	0	0	1	0	0	1	0	2	1	0	10

• 노르즈젤란트(Nordsjælland)

		A	B	C	D	E	F	I	K	O	P	V	Ø	Å	계
		61801	32419	32368	9439	2753	19993	9581	3229	21734	4276	67742	16213	7846	289394
1	1.4	44144 ②	23156 ③	23120 ④	6742	1966	14281 ⑧	6844	2306	15524 ⑦	3054	48387 ①	11581 ⑩	5604	

		A	B	C	D	E	F	I	K	O	P	V	Ø	Å	계
2	3	20600 ⑥	10806	10789	3146	918	6664	3194	1076	7245	1425	22581 ⑤	5404	2615	
3	5	12360	6484	6474	1888	551	3999	1916	646	4347	855	13548 ⑨	3243	1569	
소계		2	1	1	0	0	1	0	0	1	0	3	1	0	10

• 보른홀름(Bornholm)

		A	B	C	D	E	F	I	K	O	P	V	Ø	Å	계
		8593	846	456	428	221	1091	248	1033	2626	481	6384	2052	824	25283
1	1.4	6138 ①	604	326	308	158	779	177	738	1876	344	4560 ②	1466	589	
2	3	2864	282	152	143	74	364	83	344	875	160	2128	684	275	
소계		1	0	0	0	0	0	0	0	0	0	1	0	0	2
총계		11	5	3	0	0	4	0	0	2	0	8	4	1	38

주) A: 사회민주당, B: 급진좌파당, C: 보수국민당, D: 새로운우파, E: 클라우스페데르센, F: 사회국민당, I: 자유연맹, K: 기독민주당, O: 덴마크국민당, P: 강경노선(Stram Kurs), V: 좌파당, Ø: 적녹연맹, Å: 대안당.

선거구의석이 정해지면 선거구의석 배분으로 발생하는 불비례를 보정하기 위한 보정의석을 산출한다. 보정의석 산출은 총의석 175석을 대상으로 득표 비례로 산정한 배분의석을 기준으로 삼는다. 비례성이 높은 헤어-니마이어식에 따라 산출된 배분의석에서 선거구의석(Opnåede kredsmandater)을 감산한 숫자가 보정의석(Tillægsmandater)이된다.

정당	득표수	득표율 (%)	득표 비례 배분의석(A)	선거구의석 (B)	보정의석 (A-B)
사회민주당(A)	914,882	27.22	48	44	4
급진좌파당(B)	826,161	24.48	43	39	4
좌파당(V)	304,714	9.03	16	12	4
덴마크국민당(O)	308,513	9.14	16	11	5
사회국민당(F)	272,304	8.07	14	12	2
적녹연맹(Ø)	245,100	7.26	13	7	6
보수국민당(C)	233,865	6.93	12	9	3
대안당(Å)	104,278	3.09	5	1	4
새로운우파(D)	83,201	2.47	4	-	4
자유연맹(I)	82,270	2.44	4	-	4
계	3,375,288	100.00	175	135	40

전국단위에서 산출한 보정의석 40석은 먼저 3개 권역에 배분되고 다시 권역별 선거구단위로 하위배분된다. 수도권 권역의 경우 보정의석 11석은 봉쇄조항 2%를 통과한 10개 정당 중 사회민주당을 제외한 9개 정당에 배분되는데, 급진좌파와 적녹연맹에 각각 2석이, 다른 7개 정당에는 1석씩 돌아간다.

〈표 7〉 2019년 덴마크 총선 선거구별 보정의석 배분

		A	B	C	D	E	F	I	K	O	P	V	Ø	Å	계
수도권 (Hovedstaden)	쾨벤하운	0	0	0	0	0	1	1	0	1	0	0	1	0	4
	쾨벤하운 오마인	0	1	0	0	0	0	0	0	0	0	1	0	1	3
	노르즈젤란트	0	1	1	1	0	0	0	0	0	0	0	1	0	4
	보른홀름	0	0	0	0	0	0	0	0	0	0	0	0	0	0
	소계	0	2	1	1	0	1	1	0	1	0	1	2	1	11

		A	B	C	D	E	F	I	K	O	P	V	Ø	Å	계
셀란트 /남부 (Sjælland /Syddanmark)	실란트 (Sjællands)	1	1	1	1	0	1	0	0	1	0	1	1	1	9
	펀 (Fyn)	1	0	0	0	0	0	0	0	1	0	1	0	0	3
	시드질란트 (Sydjylland)	0	0	0	1	0	0	1	0	0	0	0	1	0	3
	소계	2	1	1	2	0	1	1	0	2	0	2	2	1	15
유틀란트 중부/북부 (Midtjylland /Nordjylland)	외스질란트 (Østjylland)	1	1	0	1	0	0	1	0	1	0	1	0	1	7
	베스틸란트 (Vestjylland)	0	0	1	0	0	0	1	0	0	0	0	1	0	3
	노르질란트 (Nordjylland)	1	0	0	0	0	0	0	0	1	0	0	1	1	4
	소계	2	1	1	1	0	0	2	0	2	0	1	2	2	14
총계		4	4	3	4	0	2	4	0	5	0	4	6	4	40

〈표 8〉은 수도권 권역의 정당별 선거구의석 및 보정의석을 셍뜨-라귀식을 이용하여 배분한 결과를 나타낸다. 각 정당의 보정의석은 선거구의석의 배분이 끝나면 바로 이어진다. 보정의석은 권역별로 할당된 규모 안에서 정해지지만 정당간 득표분포에 따라 달라질 수 있다. 예컨데, 사회민주당(A)은 선거구의석 11석을 가져갔으나 보정의석은 1석도 배분받지 못했다. 반면, 급진좌파당(B)은 선거구에서 5석을 획득했고 보정의석 2석은 득표순에 따라 6번째와 9번째로 배분받았다.

〈표 8〉 2019년 덴마크 총선 선거구의석 및 보정의석(수도권)

		A	B	C	D	F	I	O	V	Ø	Å
	devisor	228118	141038	85647	23428	102361	29400	68960	195300	116600	47610
1	1			선거구의석(3석)	23428 ②	선거구의석(4석)	29400 ①	선거구의석(2석)	선거구의석(4석)	선거구의석(4석)	선거구의석(1석)
2	3		선거구의석(5석)		7809		9800				15870 ③
3	5				4686		5880	13792 ④			9522
4	7			12235 ⑦	3347		4200	9851			6801
5	9	선거구의석(11석)		9516	2603	11373 ⑨	3267	7662		12956 ⑤	5290
6	11		12822 ⑥	7786	2130	9306	2673	6269		10600 ⑪	4328
7	13		10849 ⑩	6588	1802	7874	2262	5305	선거구의석(8석)	8969	3662
8	15		9403	5710	1562	6824	1960	4597		7773	3174
9	17		8296	5038	1378	6021	1729	4056	11488 ⑧	6859	2801
10	19		7423	4508	1233	5387	1547	3629	10279	6137	2506
11	21		6716	4078	1116	4874	1400	3284	9300	5552	2267
12	23	9918	6132	3724	1019	4450	1278	2998	8491	5070	2070
13	25	9125	5642	3426	937	4094	1176	2758	7812	4664	1904
선거구(39)		11	5	3	0	4	0	2	8	5	1
보정(11)		0	2	1	1	1	1	1	1	2	1

:: 덴마크 보정방식의 특징

덴마크의 보정은 전국단위에서 도서지역 선거구 4석을 제외한 175석을 정당득표율에 따라 비례배분한 결과를 기준으로 과소대표된 정당을 대상으로 보정의석 40석을 배분하는 방식이다.

다. 2021년 노르웨이 총선

노르웨이 의회는 전체 의석 169석 중 150석을 19개 선거구에서 폐쇄형 명부제로 결정하고, 나머지 19석은 전국단위에서 불비례를 보정하기 위한 보정의석으로 배분한다.

보정의석은 선거구마다 1석씩 할당된다. 셍뜨-라귀식(Sainte-Laguë method)에 따라 선거구의석을 배분한 결과, 오슬로(Oslo) 선거구가 19석으로 가장 많고 에우스트-아그데르와 송노피오라네(Sogn og Fjordane) 선거구의석이 3석으로 가장 적다.

〈표 9〉 선거구별 할당의석(노르웨이 총선)

	선거구	할당(인구수+면적)	선거구의석	보정의석
1	외스트폴	9	8	1
2	아케루스후스	19	18	1
3	오슬로	20	19	1
4	헤드마르크	7	6	1
5	오플란	6	5	1
6	부스케루	8	7	1
7	베스트폴	7	6	1
8	델레마르크	6	5	1
9	에우스트-아그데르	4	3	1
10	베스트-아그데르	6	5	1
11	로갈란	14	13	1
12	호르달란	16	15	1
13	송노피오라네	4	3	1
14	뫼레오그롬스달	8	7	1
15	쇠르트뢰넬라그	10	9	1
16	노르트뢰넬라그	5	4	1
17	노를란	9	8	1

	선거구	할당(인구수+면적)	선거구의석	보정의석
18	트롬스	6	5	1
19	핀마르크	5	4	1
계	-	169	150	19

보정의석 19석은 개별 정당에 먼저 배분된다. 보정의석 배분은 봉쇄
조항 4%를 충족한 정당을 대상으로 한다. 2021년 노르웨이 총선의 보
정의석은 봉쇄조항을 통과한 보수당(Høyre), 진보당(Fremskrittspartiet),
사회주의좌파당(Sosialistisk Venstreparti), 적색당(Rødt), 좌파당(Venstre)에
배분된다. 기민당(Kristelig Folkeparti), 녹색당(Miljøpartiet De Grønne), 환자
중심당(Pasientfokus)의 경우 보정의석 배분요건인 정당득표율 4%를
충족하지 못해 대상에서 제외된다. 보정의석 산출에는 선거구별 의
석할당과는 달리 최초 나눔수를 1.4로 설정하는 '수정 셍뜨-라귀식'
(modified Sainte-Laguë method)이 적용된다.

:: 수정 셍뜨-라귀식
수정 셍뜨-라귀식은 셍뜨-라귀식의 나눔수 배열(1, 3, 5, 7, 등)에서 1 대신 1.4를 사용하는 방
식이다. 셍뜨-라귀식이 거대정당보다 군소정당에 유리한 반면, 수정 셍뜨-라귀식은 상대적으
로 군소정당에 불리하게 작용할 수 있다.

정당별로 확정된 보정의석은 각 선거구에 배분된다. 이 때 배분방
식은 정당의 득표수를 기준으로 한다.

<표 10> 선거구별 보정의석 배분

정당	전국배분	선거구의석	보정의석	보정의석 배분 선거구(득표)
노동당	48	48	0	-
보수당	36	35	1	아케루스후스(949)
중앙당	25	28	0	
진보당	21	17	4	헤드마르크(9,696)
				에우스트-아그데르(8,728)
				오플란(8,459)
				핀마르크-핀마르쿠(4,220)
사회주의좌파당	13	8	5	트롬스롬사(10,029)
				뇌레오그롬스달(9,341)
				외스트폴(9,840)
				베스트폴(8,670)
				부스케루(8,062)
적색당	8	4	4	쇠르-트뢰넬라그(10,852)
				로갈란드(9,620)
				노를란(7,273)
				델레마르크(4,506)
좌파당	8	3	5	호달란(13,163)
				오슬로(7,628.4)
				베스트-아그데르(3,834)
				송노피오라네(2,135)
				노르트뢰넬라그(1,557)
기민당	3	3	0	-
녹색당	3	3	0	-
환자중심당	1	1	0	-
계	169	150	19	

예를 들어, 좌파당의 경우 선거구의석은 아케루스후스(Akershus)에 1
석, 오슬로(Oslo)에 2석이 배분되고, 보정의석 5석은 호달란(Hordaland),
오슬로, 베스트-아그데르(Vest-Agder), 송노피오라네(Sogn og Fjordane),

노르트-뢰넬라그(Nord-Trø ndelag) 선거구에 각각 1석이 배분된다.

〈표 11〉 좌파당의 보정의석 5석 배분

	아케루스후스	호달란	오슬로	베스트-아그데르	송노피오라네	노르트-뢰넬라그
선거구의석	1석 (25,393)	-	2석 (38,142)	-	-	-
보정의석	-	1석 (13,163)	1석 (7,628)	1석 (3,834)	1석 (2,135)	1석 (1,557)

좌파당의 보정의석 배분과정을 노르웨이 최대 선거구인 오슬로 선거구의 경우로 보면, 이 선거구에 할당된 보정의석 1석은 모든 선거구의석 19석이 순서대로 채워진 후 20번째 의석으로 좌파당에 돌아간다.

〈표 12〉 오슬로(Oslo) 선거구의 좌파당 보정의석 배분

	보수당	노동당	사회좌파당	좌파당	녹색당	적색당	진보당
	89,342	87,158	50,382	38,142	32,198	31,351	22,784
1	89342④	87158⑤	50382⑥	38142⑦	228063①	140931②	137433③
3	29781⑧	29053⑨	16794⑫	12714⑭	10733⑰	10784⑯	7594.7
5	17868⑩	17437⑪	10076⑱	7628.4	6439.6	6470.2	4556.8
7	12763⑬	12451⑮	7197.4	5448.9	4599.7	4621.6	3254.9
9	9927⑲	9684	5598.0	4238.0	3577.6	3594.6	2531.6
선거구의석(19)	5	4	3	2	2	2	1
보정의석(1)	0	0	0	1	0	0	0
계(20)	5	4	3	3	2	2	1

오슬로 선거구와 같은 방법으로 2021년 노르웨이 총선의 선거구의석 150석과 보정의석 19석을 선거구별로 배분한 결과는 〈표 13〉과 같다.

〈표 13〉 선거구별 보정의석

핀마르크 (Finnmark Finnmarku)				에우스트-아그데루 (Aust-Agder)				부스케루 (Buskerud)			
정당	득표	선거구	보정	정당	득표	선거구	보정	정당	득표	선거구	보정
노동	12,228	2	0	노동	16,147	1	0	노동	40,575	3	0
진보	4,220	0	1	진보	8,728	0	1	보수	31,544	2	0
환자	4,950	1	0	보수	13,305	1	0	진보	17,509	1	0
중앙	7,157	1	0	중앙	8,907	1	0	중앙	23,068	1	0
보수	2,664	0	0	기민	5,749	0	0	사회좌파	8,062	0	1
계	31,219	4	1	계	52,836	3	1	계	120,758	7	1

헤드마르크 (Hedmark)				오플란 (Oppland)				트롬스롬사 (Troms Romsa)			
정당	득표	선거구	보정	정당	득표	선거구	보정	정당	득표	선거구	보정
노동	38,136	3	0	노동	34,552	2	0	노동	25,168	2	0
중앙	32,286	2	0	중앙	25,619	2	0	진보	12,998	1	0
진보	9,696	0	1	진보	8,459	0	1	보수	12,493	1	0
보수	12,191	1	0	보수	12,323	1	0	중앙	17,698	1	0
사회좌파	7,902	0	0	좌파	2,370	0	0	사회좌파	10,029	0	1
계	100,211	6	1	계	83,323	5	1	계	78,386	5	1

쇠르트뢰넬라그 (Sør-Trøndelag)				델레마르크 (Telemark)				베스트-아그데르 (Vest-Agder)			
정당	득표	선거구	보정	정당	득표	선거구	보정	정당	득표	선거구	보정
노동	57,621	3	0	노동	29,883	2	0	노동	21,845	1	0
보수	31,837	2	0	진보	12,297	1	0	진보	13,821	1	0
중앙	29,181	2	0	보수	15,198	1	0	보수	22,359	1	0
진보	16,650	1	0	적색	4,506	0	1	기민	14,598	1	0
적색	10,852	0	1	중앙	15,963	1	0	중앙	10,859	1	0
사회좌파	17,635	1	0	기민	4,327	0	0	좌파	3,834	0	1
계	164,776	9	1	계	82,174	5	1	계	87,316	5	1

뫼레오그롬스달 (Møre og Romsdal)				노를란 (Nordland)				송노피오라네 (Sogn og Fjordane)			
정당	득표	선거구	보정	정당	득표	선거구	보정	정당	득표	선거구	보정
노동	29,928	2	0	노동	38,611	3	0	노동	16,424	1	0
진보	32,746	2	0	중앙	28,465	2	0	보수	8,529	1	0
중앙	25,938	2	0	진보	16,338	1	0	중앙	17,634	1	0
보수	24,123	1	0	보수	20,532	1	0	좌파	2,135	0	1
사회좌파	9,341	0	1	적색	7,273	0	1	계	44,722	3	1
기민	7,905	0	0	사회좌파	9,620	1	0				
계	129,981	7	1	계	120,839	8	1				

오슬로 (Oslo)				로갈란 (Rogaland)				노르트뢰넬라그 (Nord-Trøndelag)			
정당	득표	선거구	보정	정당	득표	선거구	보정	정당	득표	선거구	보정
보수	89,342	5	0	보수	61,992	4	0	노동	25,730	2	0
노동	87,158	4	0	노동	57,969	3	0	중앙	22,089	2	0
사회좌파	50,382	3	0	진보	43,382	2	0	좌파	1,557	0	1
좌파	38142	2	1	중앙	26,955	2	0	보수	8,121	0	0
녹색	32,198	2	0	기민	20,859	1	0	계	57,497	4	1
적색	31,351	2	0	적색	9,620	0	1				
진보	22,784	1	0	사회좌파	13,261	1	0				
계	351358	19	1	계	234,038	13	1				

외스트폴 (Østfold)				베스트폴 (Vestfold)			
정당	득표	선거구	보정	정당	득표	선거구	보정
노동	49,345	3	0	노동	37,518	2	0
보수	30,211	2	0	보수	34,831	2	0
중앙	22,849	2	0	진보	17,271	1	0
진보	20,527	1	0	중앙	13,775	1	0
사회좌파	9,840	0	1	사회좌파	8,670	0	1
계	132,772	8	1	계	112,065	6	1

국회의원 선거제도 개혁: 독일을 넘어 스칸디나비아로

아케루스후스 (Akershus)				호달란 (Hordaland)			
정당	득표	선거구	보정	정당	득표	선거구	보정
보수	101,439	5	1	노동	68,945	4	0
노동	95,609	5	0	보수	74,282	4	0
진보	38,779	2	0	진보	38,352	2	0
중앙	32,584	2	0	중앙	29,981	2	0
녹색	17,461	1	0	기민	14,724	1	0
적색	14,572	1	0	적색	14,150	1	0
사회좌파	25,240	1	0	사회좌파	26,901	1	0
좌파	25,393	1	0	좌파	13,163	0	1
계	351,077	18	1	계	280,498	15	1

:: **노르웨이 보정방식의 특징**

노르웨이의 보정은 전국단위에서 총의석 169석을 정당득표율에 따라 비례배분한 결과를 기준으로 과소대표된 정당을 대상으로 보정의석 19석을 보정하는 방식이다.

라. 2021년 아이슬란드 총선

아이슬란드 의회의 총의석은 63석으로 개방형 비례제로 결정된다. 아이슬란드의 선거구는 북서부(Norðvestur), 북동부(Norðaustur), 남부(Suður), 남서부(Suðvestur), 레이캬비크 북부(Reykjavík norður)와 남부(Reykjavíksuður)의 6개로 구성되어 있다.

선거구의석 54석 배분에는 동트식이 적용되고, 봉쇄조항은 적용되지 않는다. 보정의석 9석은 전국단위에서 5% 봉쇄조항을 통과한 정당에게만 배분된다.

2021년 아이슬란드 총선의 정당별 득표 비례 배분의석을 산출하면
독립당(Sjálfstæðisflokks) 17석, 진보당(Framsóknarflokks) 12석, 좌파녹색당
(Vinstrihreyfingarinnar-græns framboðs) 8석, 사회민주연합(Samfylkingarinnar-
jafnaðarmannaflokks Íslands) 6석, 국민당(Flokks fólksins) 6석, 해적당(Pírata)
6석, 개혁당(Viðreisnar) 5석, 중앙당(Miðflokksins) 3석으로 나타난다.

〈표 14〉 2021 아이슬란드 총선 득표 비례 배분의석

	독립당	진보당	좌파녹색당	사회민주연합	국민당	해적당	개혁당	중앙당
	48708	34501	25114	19825.0	17672.0	17233.0	16628	10879
1	48708.0	34501.0	25114.0	19825.0	17672.0	17233.0	16628.0	10879.0
2	24354.0	17250.5	12557.0	9912.5	8836.0	8616.5	4157.0	5439.5
3	16236.0	11500.3	8371.3	6608.3	5890.7	5744.3	5542.7	3626.3
4	12177.0	8625.3	6278.5	4956.3	4418.0	4308.3	4157.0	2719.8
5	9741.6	6900.2	5022.8	3965.0	3534.4	3446.6	3325.6	2175.8
6	8118.0	5750.2	4185.7	3304.2	2945.3	2872.2	2771.3	1813.2
7	6958.3	4928.7	3587.7	2832.1	2524.6	2461.9	2375.4	1554.1
8	6088.5	4312.6	3139.3	2478.1	2209.0	2154.1	2078.5	1359.9
9	5412.0	3833.4	2790.4	2202.8	1963.6	1914.8	1847.6	1208.8
10	4870.8	3450.1	2511.4	1982.5	1767.2	1723.3	1662.8	1087.9
11	4428.0	3136.5	2283.1	1802.3	1606.5	1566.6	1511.6	989.0
12	4059.0	2875.1	2092.8	1652.1	1472.7	1436.1	1385.7	906.6
13	3746.8	2653.9	1931.8	1525.0	1359.4	1325.6	1279.1	836.8
14	3479.1	2464.4	1793.9	1416.1	1262.3	1230.9	1187.7	777.1
15	3247.2	2300.1	1674.3	1321.7	1178.1	1148.9	1108.5	725.3
16	3044.3	2156.3	1569.6	1239.1	1104.5	1077.1	1039.3	679.9
17	2865.2	2019.5	1477.3	1754.4	1039.5	1013.7	978.1	639.9
계	17	12	8	6	6	6	5	3

2021년 아이슬란드 총선은 초과의석이 발생한 경우이다. 총의석 63석을 득표 비례로 산정한 배분의석 11석보다 진보당의 선거구의석이 1석 많아 초과의석이 발생하는 것으로 나타난다. 초과의석이 의원정수 확대로 이어지지 않도록 하기 위해 초과의석이 발생한 정당의 의석 13석은 고정시키고 초과의석이 발생하지 않은 정당에 총 비례배분 의석 63석에서 13석을 감산한 50석을 득표 비례로 배분한다. 배분 결과는 과소대표된 정당의 보정의석이 된다.

〈표 15〉 2021 아이슬란드 총선의 초과의석 처리

정당	선거구 의석	정당득표	비례배분	초과의석 발생	초과상쇄	보정
독립당	16	48,708	17	-	16	0
진보당	13	34,501	12	1	13	0
좌파녹색당	6	25,114	8	-	8	2
사회민주연합	5	19,825	6	-	6	1
국민당	6	17,672	6	-	6	0
해적당	3	17,233	6	-	6	3
개혁당	3	16,628	5	-	5	2
중앙당	2	10,879	3	-	3	1
계	54	190,560	63	2	63	9

각 정당의 보정의석은 개별 선거구에 배분된다. 배분방법은 정당의 득표순이다. 예컨대, 좌파녹색당의 경우 2석의 보정의석을 얻었는데 득표수가 높은 순으로 레이캬비크남부(Reykjavík suður)와 북동부(Norðaustur) 선거구에 돌아간다.

	정당	보정의석	선거구(정당득표)
1	독립당	0	-
2	진보당	0	-
3	좌파녹색당	2	레이캬비크남부(1520) 북동부(1520)
4	사회민주연합	1	레이캬비크북부(2213.5)
5	국민당	0	-
6	해적당	3	남서부(2426.5) 레이캬비크북부(2254) 레이캬비크남부(1937.5)
7	개혁당	2	남서부(3342) 남부(1845)
8	중앙당	1	북서부(1278)
계	-	9	-

:: 아이슬란드의 선거제도

* 아이슬란드는 선거구의석을 배분한 후 보정의석 9석을 이용해 정당의 권역구분에 따른 불비례를 보정한다.
* 정당이 선거구단위에서 얻은 의석수가 득표 비례로 산정한 배분의석보다 많아 초과의석이 발생하면, 전체 배분의석에서 해당 정당의 지역구의석을 제외한 후 득표율에 따라 배분한다.

2. 스칸디나비아 보정형의 특징

스칸디나비아 국가 중 핀란드를 제외한 스웨덴, 덴마크, 노르웨이, 아이슬란드에서는 보정형 선거제도를 채택하고 있다. 보정형 선거제도는 주 또는 권역단위에서 발생하는 득표와 의석점유의 불비례를 일

정 규모의 보정의석을 이용하여 보정하는 방식이다.[03]

이 국가들은 정당득표율에 비례해 산정한 배분의석보다 선거구의석이 많아 초과의석이 발생할 경우 총의석의 증가 없이 처리할 수 있다.

스칸디나비아의 보정형 국가 중 스웨덴의 경우 초과의석을 처리하는 방식은 다른 국가와 차이를 보인다. 스웨덴은 초과의석이 발생하면 해당 의석을 삭제 처리하지만, 덴마크, 노르웨이, 아이슬란드는 초과의석이 발생한 경우 과소대표된 정당에 비례의석을 축소하여 배분하는 방식으로 총의석의 증가를 막는다.

〈표 17〉 스칸디나비아 국가의 초과의석 처리

	스웨덴	덴마크	노르웨이	아이슬란드
초과의석 처리방식	초과의석이 발생한 정당의 선거구의석 삭제	초과의석이 발생하지 않은 정당에 축소 조정한 보정의석 배분		

03 스칸디나비아 국가들이 실시하는 보정의 목적은 정당의 의석점유율이 정당의 전국득표율에 비례하는 방향으로 개선하기 위한 것이다. 보정의 목적은 비례성을 최대화하는데 있지 않다. 개별 정당의 의석점유율을 전국득표율에 어느 정도 비례하도록 만들기 위한 것이다.

〈표 18〉 보정형 국가사례

	스웨덴	덴마크	노르웨이	아이슬란드
도입연도	1970	1915	1989	1934
기본의석	310	135	150	54
보정의석	39(11%)	40(23%)	19(11%)	9(14%)
초과의석	불인정	불인정	불인정	불인정
보정의석 산출단위	전국	전국	전국	전국
보정의석 배분요건	4%	2%	4%	5%

　　보정형을 채택하고 있는 국가들은 보정방식의 도입 시기, 의석 규모, 배분단위, 배분요건, 배분방식 등에서 차이를 보인다. 스칸디나비아의 보정형 국가 중 덴마크는 1915년에 보정형을 가장 먼저 도입했다. 선거구의석 즉 비례대표명부방식으로 결정하는 기본의석 수는 스웨덴이 319석으로 가장 많다. 보정의석은 덴마크가 40석으로 가장 많고 보정의석의 비율도 총의석 대비 23%로 가장 높다.

　　스칸디나비아 국가들은 모두 보정의석을 전국단위에서 산출한다. 전국단위에서 산출하는 방식이 권역단위 방식보다 비례성이 높다. 보

:: 스코틀랜드 연동형과 오스트리아, 스칸디나비아 보정형의 초과의석 처리방법은 어떻게 다른가?

* 스코틀랜드 연동형은 초과의석이 발생하면 초과의석이 발생하지 않은 정당의 비례의석을 감산하는 방법을 사용한다. 스칸디나비아 보정형에서도 본질적으로 유사한 방법으로 초과의석을 처리한다. 오스트리아도 초과의석을 다른 정당의 비례의석 감산으로 처리한다. 선거구의석보다 많은 초과의석이 발생하면 해당 정당의 득표수와 의석을 제외하고 남은 선거구의석을 득표 비로로 배분한다. 다만, 스웨덴의 경우 초과의석이 발생하면 해당 선거구의석을 삭제하는 방법으로 처리한다.
* 또한 스코틀랜드는 초과의석을 권역단위에서 처리하는 반면, 오스트리아와 스칸디나비아는 전국단위에서 처리한다.

국회의원 선거제도 개혁: 독일을 넘어 스칸디나비아로

정의석 배분에 필요한 정당득표율 요건은 아이슬란드가 5%로 가장 높고 덴마크가 2%로 가장 낮다.

PART 5
보정형 선거제도의
의석배분 및 불비례 보정효과

1. 스칸디나비아 국가 총선의 보정효과

스칸디나비아 국가 총선의 보정효과는 득표율 대비 이득률을 산출하면 손쉽게 확인할 수 있다. 이득률이 1을 기준으로 1보다 크면 과대대표, 작으면 과소대표된 것이다. 스웨덴은 2018년 총선 결과에서 보정 전과 후의 이득률 변화를 보면 과대대표는 완화되고 과소대표는 향상되는 것으로 나타난다. 특히, 녹색당의 보정효과가 가장 뚜렷하게 나타난다. 사민당과 보수당의 이득률은 1.06에서 1.0으로, 스웨덴민주당은 1.1에서 1.0으로, 중앙당은 1.14에서 1.02로 줄어 과대대표가 완화된다. 반면, 기민당은 0.8에서 0.98로, 자유당은 0.69에서 1.03으로, 녹색당은 0.36에서 1.02로 이득률의 증가를 보인다.

〈표 1〉 스웨덴 2018년 총선의 보정 전·후 이득률 비교

		사민당	보수당	스웨덴민주당	중앙당	좌파당	기민당	자유당	녹색당	계
정당득표		1830386	1284698	1135627	557500	518454	409478	355546	285899	6377588
득표율(%)		28.7	20.14	17.81	8.74	8.13	6.42	5.57	4.48	100
의석	전	94	66	61	31	25	16	12	5	310
	후	100	70	62	31	28	22	20	16	349

		사민당	보수당	스웨덴민주당	중앙당	좌파당	기민당	자유당	녹색당	계
의석률 (%)	전	30.32	21.29	19.68	10.0	8.06	5.16	3.87	1.61	100
	후	28.65	20.06	17.77	8.88	8.02	6.30	5.73	4.58	100
이득률	전	1.06	1.06	1.10	1.14	0.99	0.80	0.69	0.36	-
	후	1.00	1.00	1.00	1.02	0.99	0.98	1.03	1.02	-
	차이	0.06	0.06	0.1	0.12	0.00	0.18	0.34	0.66	-

주) 이득률은 의석률÷득표율.

덴마크의 경우도 2019년 총선의 정당별 이득률을 산출하면 1에 수렴하는 것으로 나타난다. 원내 1,2당인 사회민주당과 자유당 그리고 사회국민당은 과대대표가 해소되고, 덴마크국민당을 비롯하여 적녹연맹, 보수국민당, 대안당, 새로운우파, 자유연맹 등 소수정당들은 보정 후 이득률이 증가하여 과소대표가 개선되는 결과를 나타낸다.

〈표 2〉 덴마크 2019년 총선 보정 전후 이득률 비교

		사회민주당	자유당	사회자유당	덴마크국민당	사회국민당	적녹연맹	보수국민당	대안당	새로운우파	자유연맹	계
정당득표		914882	826161	304714	308513	272304	245100	233865	104278	83201	82270	3375288
득표율 (%)		27.11	24.48	9.03	9.14	8.07	7.26	6.93	3.09	2.47	2.44	100
의석	전	44	39	12	11	12	7	9	1	-	-	135
	후	48	43	16	16	14	13	12	5	4	4	175
의석률 (%)	전	32.59	28.89	8.89	8.15	8.89	5.19	6.67	0.74	-	-	100
	후	27.43	24.57	9.14	9.14	8.00	7.43	6.86	2.86	2.29	2.29	100
이득률	전	1.20	1.18	0.98	0.89	1.10	0.71	0.96	0.24	0	0	-
	후	1.01	1.00	1.01	1.00	0.99	1.02	0.99	0.93	0.93	0.94	-
	차이	0.19	0.18	0.03	0.11	0.11	0.31	0.03	0.69	0.93	0.94	-

주) 이득률은 의석률÷득표율.

노르웨이도 유사한 결과를 보인다. 2021년 총선의 보정의석 배분 전과 후를 비교하면 노동당과 보수당, 중앙당과 같이 정당득표율에 따라 배분된 의석보다 많은 의석을 선거구에서 얻은 정당들은 보정의석 배분에서 제외되기 때문에 보정 후에는 이득률이 줄어들어 과대대표가 완화되는 것으로 나타난다. 반대로, 선거구의석이 득표율에 비해 적게 배분된 진보당, 사회주의좌파당, 적색당, 좌파당은 보정의석 배분으로 이득률이 높아져 과소대표가 개선된다.

〈표 3〉 노르웨이 2021년 총선 보정 전후 이득률 비교

		노동당	보수당	중앙당	진보당	사회주의좌파당	적색당	좌파당	녹색당	기독민주당	환자우선당	계
정당득표		783394	607316	402961	346474.0	228063.0	140931.0	137433	117647	113344	34068	2911631
득표율(%)		26.91	20.86	13.84	11.90	7.83	4.84	4.72	4.04	3.89	1.17	100
의석	전	48	35	28	17	8	4	3	3	3	1	150
	후	48	36	28	21	13	8	8	3	3	1	169
의석률(%)	전	32.00	23.33	18.67	11.33	5.33	2.67	2.00	2.00	2.00	0.67	100
	후	28.4	21.3	16.57	12.43	7.69	4.73	4.73	1.78	1.78	0.59	100
이득률	전	1.19	1.12	1.35	0.95	0.68	0.55	0.42	0.50	0.51	0.57	-
	후	1.06	1.02	1.20	1.04	0.98	0.98	1.00	0.44	0.46	0.50	-
	차이	0.13	0.10	0.15	0.09	0.30	0.43	0.58	0.06	0.05	0.07	-

아이슬란드는 2021년 총선에서 과대대표된 독립당(D), 진보당(B), 국민당(F)은 보정 후 과대대표가 완화되고, 좌파녹색당(V), 사회민주연합(S), 해적당(P), 개혁당(C), 중앙당(M)은 보정 후 과소대표가 개선되어

전체적으로 대표성이 균형적으로 변화하는 것으로 나타난다.

〈표 4〉 아이슬란드 2021년 총선 보정 전·후 이득률 비교

		독립당 (D)	진보당 (B)	좌파 녹색당 (V)	사회민주 연합 (S)	국민당 (F)	해적당 (P)	개혁당 (C)	중앙당 (M)	계
정당득표		48,708	34,501	25,114	19,825	17,672	17,233	16,628	10,879	190,560
득표율 (%)		25.56	18.11	13.18	10.4	9.27	9.04	8.73	5.71	100
의석	전	16	13	6	5	6	3	3	2	54
	후	17	12	8	6	6	6	5	3	63
의석률 (%)	전	29.63	24.07	11.11	9.26	11.11	5.56	5.56	3.7	100
	후	26.98	19.05	12.7	9.52	9.52	9.52	7.94	4.76	100
이득률	전	1.16	1.33	0.84	0.89	1.20	0.62	0.64	0.65	-
	후	1.06	1.05	0.96	0.91	1.03	1.05	0.91	0.83	-
	차이	0.1	0.28	0.12	0.02	0.17	0.43	0.27	0.18	-

주) 이득률은 의석률÷득표율.

2. 2020년 한국 총선 보정형 적용

:: 스칸디나비아의 비례대표제 국가에서 실시하는 보정형을 우리와 같은 지역구대표와 비례대표의 혼합식 선거제도에도 적용할 수 있는가?

* 보정형을 채택하고 있는 스칸디나비아 국가들은 모두 비례대표제 국가다. 보정형이 비례대표제에 적용되는 방식이지만 한국과 같은 지역구대표와 비례대표의 혼합제에도 적용할 수 있다.

* 독일 켐니츠공대 린하르트(Eric Linhart) 교수와 베를린 홈볼트대 마이어(Hans Meyer) 교수는 스칸디나비아 국가의 불비례 보정방식이 한국의 병립형 선거제도(Mixed Member Majoritarian)에 적용해도 구조적 정합성의 문제를 보이지 않으며, 비례성 제고의 효과를 가져올 수 있다는 의견을 제시했다.

가. 전국단위 보정

:: 2020년 한국 총선 적용 시뮬레이션의 지역구의석과 비례의석 비율

2020년 총선의 지역구선거에서는 무소속의석이 5석 발생했다. 이하에서는 의석배분의 편의성과 의석비율 설정의 효율성을 높이기 위해 2020년 총선에 적용하는 시뮬레이션의 경우 현행 지역구의석 253석에 무소속의석 5석을 뺀 248석을 지역구의석으로, 52석을 비례의석으로 설정하도록 한다.

2020년 제21대 한국 총선 결과, 정당별 의석은 미래통합당(미래한국당 포함) 103석, 더불어민주당(더불어시민당 포함) 180석, 정의당 6석, 국민의당 3석, 열린민주당 3석으로 나타났다. 그러나 총선 결과를 기초로 스칸디나비아식 보정형을 대입하면 흥미로운 결과를 얻는다.

2020년 총선의 지역구의석은 253석이지만 무소속 5석을 제외한 248석을 지역구의석으로 설정하고 비례의석은 현행 47석 대신 52석으로 조정한다. 각 정당의 정당득표율에 따른 배분의석에서 과대대표된 더불어민주당을 제외하고 나머지 정당에 137석(300-163)을 배분하면 미래통합당도 과대대표된 것으로 나타난다. 따라서 두 정당을 제외하고 나머지 정당에 득표 비례로 의석을 배분하면, 정의당 23석, 국민의당 17석, 열린민주당 13석이 된다.

〈표 5〉 2020년 한국 총선 적용 스칸디나비아식 보정형

	미래통합당	더불어민주당	정의당	국민의당	열린민주당	계
정당득표(%)	9441520	9307112	2697956	1896719	1512763	24856070
비례배분	114	112	33	23	18	300

	미래통합당	더불어민주당	정의당	국민의당	열린민주당	계
지역구의석	84	163	1	0	0	248
과대/과소	84	163(초과)	-	-	-	-
보정배분	83	-	24	17	13	137 (300-163)
과대/과소	84(초과)	163	-	-	-	-
보정배분	-	-	23	17	13	53 (137-84)
보정의석	-	-	22	17	13	52
계	84	163	23	17	13	300

2020년 제21대 총선에 전국단위 보정방식을 적용하면 미래통합당은 이득률이 0.91에서 0.74로, 더불어민주당은 1.62에서 1.45로 낮아져 과대대표가 완화되는 효과를 보인다. 반대로, 소수정당인 정의당과 국민의당, 열린민주당의 이득률은 보정 전보다 각각 0.50, 0.57, 0.55 높아져 과소대표가 개선되는 효과가 나타난다.

〈표 6〉 2020년 한국 총선 정당별 이득률 비교

		미래통합당	더불어민주당	정의당	국민의당	열린민주당	계
정당득표		9,441,520	9,307,112	2,697,956	1,896,719	1,512,763	24856070
득표율(%)		37.98	37.44	10.85	7.63	6.09	100
의석	보정전	104	182	7	4	3	300
	보정후	84	163	23	17	13	300
의석률(%)	보정전	34.67	60.67	2.33	1.33	1.0	100
	보정후	28.00	54.33	7.67	5.67	4.33	100
이득률	보정전	0.91	1.62	0.21	0.17	0.16	-
	보정후	0.74	1.45	0.71	0.74	0.71	-
	차이	0.17	0.17	0.50	0.57	0.55	-

주) 비례의석은 총의석 300석 중 52석. 이득률은 의석률÷득표율.

국가별 최근 실시된 총선에서 보정의석을 배분한 후의 결과는 국가마다 차이는 다르지만, 거대정당의 과대대표와 소수정당의 과소대표가 완화되는 효과를 보인다.

한국 정당의 이득률은 거대 정당의 경우 과대대표 완화효과가 덴마크보다 낮지만 스웨덴, 노르웨이보다는 높다. 소수정당의 과소대표 개선효과는 비슷한 득표율 대에서는 한국이 스칸디나비아 국가들보다 높은 수준으로 나타난다.

한국을 비롯해 스웨덴과 덴마크는 대체로 거대정당의 과대대표 완화효과보다 소수정당의 과소대표 개선효과가 높다. 노르웨이는 중소정당에서만 과소대표가 개선되는 것으로 나타난다. 보정효과는 국가마다 보정의석의 비율에 의해 가장 큰 영향을 받는다. 덴마크의 보정효과가 소수정당을 중심으로 높게 나타나는 이유는 보정의석 비율의 영향이 크기 때문이다. 덴마크의 보정의석 비율은 전체 의석 대비 22.86%로 스웨덴(11.17%), 노르웨이(11.24%), 아이슬란드(14.29%), 한국(17.33%)보다 높다. 한국의 경우, 비교적 높은 보정효과를 보이는 이유는 당선인 결정방식에 기인하는 것으로 볼 수 있다. 한국은 다수대표제를 채택하고 있어 비례제 국가에 비해 불비례가 크기 때문에 보정의석 규모가 작아도 보정효과는 상대적으로 크게 나타날 수 있다.

〈그림 1〉과 〈표 7〉은 각국의 최근 총선에서 보정의석을 배분하기 전과 후의 이득률 차이를 나타낸다. 스웨덴, 덴마크, 노르웨이, 아이슬란드 등 스칸디나비아 국가의 경우 정당간 이득률 차이는 매우 넓은

스펙트럼을 보인다. 특히 덴마크의 경우 매우 넓은 분포를 보인다. 스웨덴은 0에서 0.66, 노르웨이는 0.05에서 0.58, 아이슬란드는 0.02에서 0.43의 분포를 보이는데, 덴마크는 0.03에서 0.93에 이른다. 이득률 차이가 클수록 보정의 효과가 선명하다고 할 때 스칸디나비아 국가의 경우 다당체제 하에서 보정의석이 소수정당의 원내 진입을 용이하게 하는 수단으로 작용하는 것으로 볼 수 있다. 무엇보다 스칸디나비아 국

〈그림 1〉 국가별 최근 총선의 정당간 이득률 차이

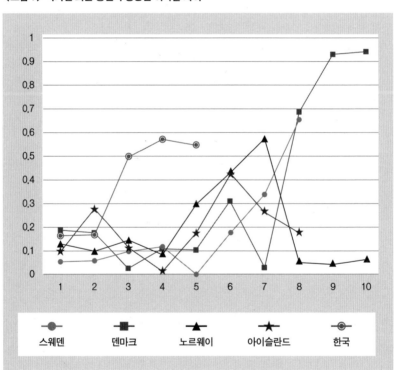

가들이 비례제를 채택하고 있으면서도 보정의석의 효과가 부각된다는 점은 주목할만하다. 그에 비해 2020년 한국 총선의 보정효과는 비록 위성정당의 출현과 연동형의 상쇄 메커니즘 작동 불능으로 정확한 판단은 어렵지만 비례의석 52석을 보정의석으로 사용했을 때 소수정당의 의석점유를 높여 대표성 증진에 기여할 수 있을 것이다.

〈표 7〉 국가별 최근 총선의 정당간 이득률 차이

	스웨덴(2018)	덴마크(2019)	노르웨이(2021)	아이슬란드(2021)	한국(2020)
1	0.06	0.19	0.13	0.10	0.17
2	0.06	0.18	0.10	0.28	0.17
3	0.10	0.03	0.15	0.12	0.50
4	0.12	0.11	0.09	0.02	0.57
5	0.00	0.11	0.30	0.17	0.55
6	0.18	0.31	0.43	0.43	-
7	0.34	0.03	0.58	0.27	-
8	0.66	0.69	0.06	0.18	-
9	-	0.93	0.05	-	-
10	-	0.94	0.07	-	-

주) 스웨덴의 5번째 정당은 이득률의 변화가 없다(0.99→0.99). 2020년 한국 총선의 보정의석 비율은 17.3%(300/52)로 설정되었다.

나. 권역단위 보정

스칸디나비아 국가사례와 같이 보정형을 권역단위에 적용하는 권역보정방식을 한국 총선에 적용하면 보정의 효과는 더욱 유의미하게 나타난다. 우선, 전국을 6개 권역(서울, 경인·강원, 충청, 대구·경북, 부산·울산·경남, 호남·제주)로 구분하고 인구수에 따라 권역별로 300석을 할당한 후 권역별로 득표율에 비례하도록 정당별로 배분한다. 이때 배분의 석보다 지역구의석이 많아 과대대표된 정당은 제외하고 배분의석보다 지역구의석이 적어 과소대표된 정당에만 할당의석을 배분한다. 과소 대표된 정당에 배분되는 의석은 할당의석에서 과대대표된 정당의 지 역구의석을 뺀 숫자가 된다.

서울권의 경우, 할당의석 56석을 정당별로 배분했을 때 더불어민주 당이 과대대표되어 보정의석 배분대상은 미래통합당, 정의당, 국민의 당, 열린민주당이 된다. 배분의석 56석에서 과대대표된 더불어민주당 의 41석을 감산한 15석을 더불어민주당을 제외한 4개 정당에 득표 비 례로 배분하면 미래통합당 9석, 정의당 2석, 국민의당 2석, 열린민주당 2석이 된다.

마찬가지로 경인·강원권에서도 더불어민주당의 과대대표로 보정 의석은 할당의석 102석에서 더불어민주당의 지역구의석 65석을 감산 한 37석으로 조정되고, 이를 과소대표된 정당에 배분하면 미래통합당 21석, 정의당 7석, 국민의당 5석, 열린민주당 4석이 된다.

충청권의 경우 보정의석 조정이 두 번 이루어진다. 최초 할당의석 32석을 각 정당에 배분했을 때 더불어민주당은 과대대표로 보정의석 배분에서 제외되기 때문에 할당의석 32석에서 더불어민주당의 지역 구의석 20석을 뺀 12석이 미래통합당, 정의당, 국민의당, 열린민주당 에 각각 7석, 2석, 2석, 1석이 배분된다. 그런데 미래통합당의 과대대표 가 또 나타나므로 2차 할당의석 조정이 이루어진다. 최종적으로 미래통합당과 더불어민주당은 보정의석을 배분받지 못하고 정의당, 국민의당, 열린민주당에만 각각 2석, 1석, 1석의 보정의석이 배분된다.

대구·경북권에서는 미래통합당의 과대대표로 할당의석은 30석에서 6석(30-24)으로 조정되어 더불어민주당에 3석, 정의당, 국민의당, 열린민주당에 각각 1석이 배분된다. 부산·울산·경남권에서도 미래통합당의 과대대표로 할당의석 46석은 14석(46-32)으로 조정되어 더불어민주당과 정의당, 국민의당, 열린민주당에 각각 8석, 3석, 2석, 1석이 돌아간다.

호남·제주권은 더불어민주당에서 과대대표가 발생해 조정된 할당의석 4석(34-30)이 과소대표된 미래통합당과 정의당, 국민의당, 열린민주당에 각각 1석씩 배분된다. 최종적으로 전체 할당의석 300석은 과대대표로 인해 80석으로 조정되어 과소대표된 정당에 재배분되었다. 보정의석 52석은 미래통합당 11석, 더불어민주당 4석, 정의당 15석, 국민의당 12석, 열린민주당 10석으로 나타난다.

〈표 8〉 2020년 총선 적용 보정의석 52석 배분

권역	할당	미래통합당				더불어민주당				정의당				국민의당				열린민주당			
		배	지	초	보	배	지	초	보	배	지	초	보	배	지	초	보	배	지	초	보
서울	56	20	8	0	12	21	41	20	0	6	0	0	6	5	0	0	5	4	0	0	2
	15 (56-41)	9	8	0	1	과대대표				2	0	0	2	2	0	0	2	2	0	0	2
경인 강원	102	37	12	0	25	39	65	26	0	12	1	0	11	8	0	0	8	6	0	0	6
	37 (102-65)	21	12	0	9	과대대표				7	1	0	6	5	0	0	5	4	0	0	4

권역	할당	미래통합당				더불어민주당				정의당				국민의당				열린민주당			
		배	지	초	보	배	지	초	보	배	지	초	보	배	지	초	보	배	지	초	보
충청 (32-20)	32	12	8	0	0	12	20	8	0	4	0	0	2	2	0	0	1	2	0	0	1
	12	7	8	1	0	과대대표				2	0	0	2	2	0	0	2	1	0	0	1
	4 (12-8)	과대대표				과대대표				2	0	0	2	1	0	0	1	1	0	0	1
대구 경북 (30-24)	30	19	24	5	0	6	0	0	6	2	0	0	2	2	0	0	2	1	0	0	1
	6	과대대표				3	0	0	3	1	0	0	1	1	0	0	1	1	0	0	1
부산 울산 경남 (46-32)	46	23	32	9	0	14	7	0	1	4	0	0	3	3	0	0	2	2	0	0	1
	14	과대대표				8	7	0	1	3	0	0	3	2	0	0	2	1	0	0	1
호남 제주 (34-30)	34	3	0	0	1	22	30	10	0	4	0	0	2	1	0	0	1	3	0	0	1
	4	1	0	0	1	과대대표				1	0	0	1	1	0	0	1	1	0	0	1
계	300	114	84	14	38	114	163	64	7	32	1	0	25	22	0	0	19	18	0	0	12
	-	-	-	-	11	-	-	-	4	-	-	-	15	-	-	-	12	-	-	-	10

주) 배: 배분의석, 지: 지역구의석, 초: 초과의석, 보: 보정의석.
자료) 중앙선거관리위원회 선거통계시스템 〈http://info.nec.go.kr/〉.

　　2020년 한국 총선에 적용한 권역별 보정형 시뮬레이션에서 최다 보정의석을 확보한 정당은 정의당이다. 정의당은 경인·강원권에서 가장 많은 6석을 얻었고, 부산·울산·경남권 3석, 서울권과 충청권 각각 2석, 대구·경북권과 호남·제주권에서는 각각 1석을 얻었다. 국민의당과 열린민주당도 권역별로 고른 의석점유를 보였다. 미래통합당의 경우 경인·강원권에서 정당 중 가장 많은 9석을 얻었으며, 호남·제주권에서도 1석을 확보했다. 무엇보다 더불어민주당이 전체 보정의석 4석 중 3석을 불모지인 대구·경북권에서 얻었다는 점이 주목할만하다.

<표 9> 권역별 보정의석 시뮬레이션(비례의석 52석)

	미래통합당	더불어민주당	정의당	국민의당	열린민주당	계
계	11	4	15	12	10	52
서울	1	0	2	2	2	7
경인·강원	9	0	6	5	4	24
충청	0	0	2	1	1	5
대구·경북	0	3	1	1	1	6
부산·울산·경남	0	1	3	2	1	7
호남·제주	1	0	1	1	1	4

다. 전국보정과 권역보정 비교

보정의석을 전국단위에서 배분하는 전국배분방식은 거대정당에 불리한 반면 소수정당에게는 유리하다. 미래통합당과 더불어민주당은 보정의석을 가져갈 수 없지만, 정의당 23석, 국민의당 17석, 열린민주당 13석으로 높은 의석점유를 보인다. 그러나 보정의석을 권역단위로 배분하는 권역보정방식에서는 소수정당뿐만 아니라 거대정당에게도 보정의석이 돌아간다.

2020년 총선에 권역보정방식을 적용하면 미래통합당과 더불어민주당은 각각 11석과 4석을 얻는 것으로 나타난다. 반면, 소수정당의 의석점유율은 전국보정에 비해 상대적으로 낮아진다. 권역보정에서 소수정당의 의석점유는 정의당 15석, 국민의당 12석, 열린민주당 10석으로 나타난다. 그러나 2020년 총선에서 얻은 의석수와 비교하면 정의당은 10석, 국민의당은 9석, 열린민주당은 7석이 증가한다.

		미래통합당	더불어민주당	정의당	국민의당	열린민주당	계
득표 비례배분		114	112	33	23	18	300
21대 총선	지역구	84	163	1	0	0	248
	비례	19	17	5	3	3	47
	계	103	180	6	3	3	295
보정	전국보정	-	-	22	17	13	52
	권역보정	11	4	15	12	10	52
계	지역+전국보정	84	163	23	17	13	300
	지역+권역보정	95	167	16	12	10	300

라. 권역별 보정의석 확대 시뮬레이션

현행 국회의원 선거제도에서 지역구의석은 248석으로 고정시키고 비례의석만 62석, 72석, 82석으로 확대하는 방법으로 총의석을 310석, 320석, 330석으로 설정해 2020년 총선에 적용하면 보정의석의 변화는 〈표 11〉과 같다.

보정의석을 52석에서 62석으로 확대하면 미래통합당의 의석점유율이 가장 높아진다. 그다음으로 정의당, 국민의당, 더불어민주당의 순이고, 열린민주당은 변화가 없다. 권역별로는 미래통합당의 경인·강원권이 9석에서 12석으로 두드러지게 증가한다. 미래통합당의 호남·제주권과 더불어민주당의 대구·경북권의 의석수 변화는 나타나지 않는다. 정의당은 서울권과 경인·강원권, 호남·제주권에서 1석씩 증가하고, 국민의당은 충청권과 대구·경북권에서 1석씩 증가하는데 그친다.

전체 보정의석을 62석에서 72석으로 늘리면 열린민주당이 가장 많은 3석이 늘어나고 미래통합당과 더불어민주당 국민의당은 2석, 정의당은 1석을 더 얻는다. 전체 보정의석 증가에 따른 의석변동은 나타나지만 두드러진 증가폭을 보이지는 않는다. 보정의석을 82석으로 증가시켰을 때 미래통합당은 무려 6석의 증가를 보인다. 그에 비해 정의당은 3석, 더불어민주당은 1석 증가하는데 그치고, 국민의당과 열린민주당의 의석수 변화는 없다. 미래통합당은 경인·강원권에서 3석이 증가한 16석을 얻고, 서울권과 호남·제주권에서도 각각 1석씩 증가하며, 충청권에서도 1석을 얻는다. 더불어민주당은 대구·경북권에서 4석을 유지하면서 부산·울산·경남권에서 1석 증가한 4석을 얻는다. 정의당은 서울과 경인·강원권, 부산·울산·경남권에서 1석씩 증가한다.

〈표 11〉 2020년 한국 총선 권역보정 적용 시뮬레이션

• 보정의석 62석 (310=248+62, 4:1)

	미래통합당	더불어민주당	정의당	국민의당	열린민주당	계
계	15	5	18	14	10	62
서울	2	0	3	2	2	9
경인·강원	12	0	7	5	4	28
충청	0	0	2	2	1	5
대구·경북	0	3	1	2	1	7
부산·울산·경남	0	2	3	2	1	8
호남·제주	1	0	2	1	1	5

• 보정의석 72석 (320=248+72, 3.4:1)

	미래통합당	더불어민주당	정의당	국민의당	열린민주당	계
계	17	7	19	16	13	72
서울	3	0	3	3	2	11

	미래통합당	더불어민주당	정의당	국민의당	열린민주당	계
경인·강원	13	0	7	6	5	31
충청	0	0	3	2	1	6
대구·경북	0	4	1	2	1	8
부산·울산·경남	0	3	3	2	2	10
호남·제주	1	0	2	1	2	6

• 보정의석 82석 (330=248+82, 3:1)

	미래통합당	더불어민주당	정의당	국민의당	열린민주당	계
계	23	8	22	16	13	82
서울	4	0	4	3	2	13
경인·강원	16	0	8	6	5	35
충청	1	0	3	2	1	7
대구·경북	0	4	1	2	1	8
부산·울산·경남	0	4	4	2	2	12
호남·제주	2	0	2	1	2	7

　　보정형에서 보정의석 비율을 확대하기 위해서는 지역구의석을 유지하면서 보정의석을 증가시키는 방법도 있지만, 지역구의석을 줄여 보정의석을 확대할 수도 있다. 총선 전 실시되는 선거구획정 과정에서 전체 선거구의석을 소폭 줄여 보정의석으로 전환하면 총의석 증가에 따른 국민적 불신을 최소화할 수 있을 것이다.

　　비례의석을 얼마나 늘려야 최적인지는 단언할 수 없다. 보정의 관점에서보면 비례의석을 늘릴수록 지역구선거의 불비례 보정효과도 그에 비례해 커지지만, 반드시 어디까지 늘려야하는 특정 지점은 없다. 반면, 연동의 관점에서는 비례의석을 늘려야 초과의석이 과도하게 발생하지 않고 불공정하게 인식되는 초과의석의 규모도 작아진다. 그런

점에서 연동에서는 비례의석 확대를 압박하는 요인이 존재한다고 할 수 있다.

선거제도 개혁에서 비례의석 확대는 항상 논쟁의 중심에 있어 왔다. 비례의석 비율을 정하는 문제가 불필요한 정국교착을 초래하고 그로 인해 개혁의 동력도 약화된 측면이 있다. 그러나 이상적인 비례의석 비율을 찾기보다 현행 비례의석 비율로 먼저 개혁모델을 설계하는 것이 중요하다. 의석배분을 효율적으로 설계하여 그에 따른 제도효과를 면밀히 분석하는 것이 비례의석 확대에 앞서 선행되어야 한다.

권역별 비례제는 비례대표가 권역의 대표성을 가질 수 있어 현행 전국명부방식에 비해 대표성 강화 효과를 기대할 수 있다. 보정의석의 규모를 늘리면 영호남의 의석 편중을 완화하여 지역구도를 완화하는 효과도 보일 수 있다. 봉쇄조항의 경우 스칸디나비아 국가는 보정의석 배분에 봉쇄조항을 적용하지만 우리는 군소정당 의석점유율 높여 보정효과 높여야 하므로 봉쇄조항 설정이 불필요하다고 할 수 있다.

:: 봉쇄조항 설정

* 봉쇄조항은 비례의석 배분 대상 정당을 설정하는 기준을 말한다. 정당득표율 요건만 설정할 수도 있고 득표율요건과 지역구의석요건을 동시에 설정하기도 한다. 봉쇄조항이 높으면 정당체계의 분산화·파편화를 방지하는 장점이 있으나, 소수정당의 보정의석 점유가능성은 낮아진다.
* 덴마크의 봉쇄조항은 전국득표율 2%로 스칸디나비아 국가 중에서는 물론, 다른 비례대표제 국가들에 비해서도 낮은 수준이다. 예컨대, 비례대표제를 채택하고 있는 그리스와 스페인은 3%, 노르웨이, 스웨덴, 오스트리아는 4%, 벨기에는 33%로 훨씬 높다. 덴마크 선거제도가 높은 비례성을 보이는 것도 비례대표의석의 배분기준인 봉쇄조항(electoral threshold)이 낮기 때문이다.

보정방식 중 전국보정보다 권역보정이 비례의석의 정당간 균형적 분포를 보여 현행 정당체제의 양극화를 완화하는데 기여할 수 있다. 전국보정에서는 미래통합당의 이득률은 0.74이지만 권역보정에서는 0.83으로 득표율 대비 높은 의석점유율을 보인다. 더불어민주당의 경우도 전국보정의 이득률(1.45)보다 권역보정의 이득률(1.49)이 약간 높게 나타난다. 소수정당의 이득률은 전국보정보다 권역보정에서 낮게 나타난다. 정의당의 이득률은 전국보정에서 0.71이지만 권역보정에서는 0.49로 낮아지고, 국민의당도 0.74에서 0.52로, 열린민주당도 0.71에서 0.55로 낮아진다.

〈표 12〉 전국보정과 권역보정의 이득률 비교

		미래통합당	더불어민주당	정의당	국민의당	열린민주당	계
정당득표		9,441,520	9,307,112	2,697,956	1,896,719	1,512,763	24,856,070
득표율(%)		37.98	37.44	10.85	7.63	6.09	100
전국보정	의석	84	163	23	17	13	300
	의석률(%)	28	54.33	8	5.33	4.33	100
	이득률	0.74	1.45	0.71	0.74	0.71	-
권역보정	의석	95	167	16	12	10	300
	의석률(%)	31.67	55.67	5.33	4.00	3.33	100
	이득률	0.83	1.49	0.49	0.52	0.55	-

주) 총의석 300석 중 보정의석은 47석이 아닌 52석으로 설정되었다.

위성정당이 창당된 2020년 한국 총선 결과와 위성정당이 없었다고 가정한 총선 결과를 비교하면 정당간 의석수의 차이는 선명하다. 미래통합당과 더불어민주당은 위성정당 출현으로 3석, 11석을 더 얻은 반면, 정의당은 6석, 국민의당 5석, 열린민주당은 3석을 적게 가져갔다. 그러나 위성정당이 준연동형의 연동효과를 무력화시켰다고 단언하기 어렵다. 준연동형이 설계상의 오류로 연동형의 특성을 보일 수 없었기 때문이다.

한편, 전국보정방식에서는 거대 양당(미래통합당과 더불어민주당)은 비례의석을 1석도 배분받지 못하고 소수정당에 비례의석이 집중되는 결과를 보인다. 그에 비해 권역보정에서는 보정의석이 지역구선거에서 과대대표된 거대정당은 물론 소수정당에게도 비교적 균등하게 배분되는 것으로 나타난다.

〈표 13〉 제도유형별 의석점유 비교

		미래통합당	더불어민주당	정의당	국민의당	열린민주당	계
2020년 총선 준연동형 도입	위성정당 출현 (총선 결과)	19 (미래한국당)	17 (더불어시민당)	5	3	3	47
	위성정당 없다고 가정할때	16	6	11	8	6	47
전국보정		0	0	22	17	13	52
권역보정		11	4	15	12	10	52

마. 완전보정 시뮬레이션

모든 초과의석을 상쇄하여 완전보정[01] 상태로 만들기 위해서는 전국보정방식에서는 186석의 보정의석이 필요하고 권역보정에서는 322석의 보정의석이 있어야 한다. 완전보정 상태의 권역보정방식에서는 미래통합당과 더불어민주당은 상대 정당이 집중된 지지를 얻는 지역에서도 의석을 배분받게 되어 지역구도 완화효과가 선명하게 나타난다. 미래통합당은 호남·제주권에서 5석, 더불어민주당은 대구·경북권에서 10석의 비례의석을 배분받는다.

〈표 14〉 전국보정과 권역보정의 완전보정 시뮬레이션

• 전국보정

	미래통합당	더불어민주당	정의당	국민의당	열린민주당	계
득표 비례배분	114	112	33	23	18	300 (248+52)
지역구	84	163	1	0	0	248
총의석	165	163	47	33	26	434
보정의석	81	-	46	33	26	*186*

• 권역보정

	미래통합당	더불어민주당	정의당	국민의당	열린민주당	계
계	135	56	62	45	24	*322*
서울	32	0	12	10	7	61

01 보정은 과소대표된 정당에 대해 실시하는 것으로, 완전보정은 모든 정당의 과소대표가 해소된 상태를 의미한다. 즉 모든 정당의 득표율과 의석률이 일치되는 상태다. 완전보정에 필요한 보정의석이 어느 정도일지는 가장 과대대표가 큰 정당의 과대대표 상태에 달려있다.

	미래통합당	더불어민주당	정의당	국민의당	열린민주당	계
경인·강원	59	11	22	16	13	121
충청	16	2	7	5	4	34
대구·경북	12	10	4	5	2	33
부산·울산·경남	11	20	9	6	4	50
호남·제주	5	13	8	3	6	35

완전보정은 초과의석이 발생하지 않은 상태를 의미한다. 권역보정 방식에서 완전보정이 이루어지는 배분의석 총수는 582석이다. 582석 이 완전보정 상태가 되는 최소한의 의석이다. 이때가 과대대표가 가장 큰 서울권의 더불어민주당 지역구의석 65석과 배분의석이 같아지는 지점이라는 의미다.

〈표 15〉 보정의석방식(권역별 완전보정)

권역	할당	미래통합당				더불어민주당				정의당				국민의당				열린민주당			
		배	지	초	보	배	지	초	보	배	지	초	보	배	지	초	보	배	지	초	보
서울	110	40	8	0	32	41	41	0	0	12	0	0	12	10	0	0	10	7	0	0	7
경인 강원	199	71	12	0	59	76	65	0	11	23	1	0	22	16	0	0	16	13	0	0	13
충청	62	24	8	0	16	22	20	0	2	7	0	0	7	5	0	0	5	4	0	0	4
대구 경북	57	36	24	0	12	10	0	0	10	4	0	0	4	5	0	0	5	2	0	0	2
부산 울산 경남	89	43	32	0	11	27	7	0	20	9	0	0	9	6	0	0	6	4	0	0	4
호남 제주	65	5	0	0	5	43	30	0	13	8	0	0	8	3	0	0	3	6	0	0	6
계	582	219	84	0	135	219	163	0	56	63	1	0	62	45	0	0	45	24	0	0	24

주) 배: 배분의석, 지: 지역구의석, 초: 초과의석, 보: 보정의석.

* 일반적으로 보정은 권역보다 전국에서 실시된다. 그러나 우리의 경우 권역보정이 전국보정
보다 정당간 균형적 의석분포에 유리하고 의석의 지역편중을 완화하는 효과도 크다. 또한 권
역보정방식은 위성정당 창당을 억제하는데 도움이 된다.
* 물론 우리는 거대 양당의 의석집중이 뚜렷하고 권역의 숫자도 적어 다당제 국가이고 비례선
거구가 16개나 되는 독일과 같은 위성정당 차단효과를 기대하기는 어렵다. 그러나 권역보정
과 비례대표 후보추천과정을 엄격하게 하면 유의미한 효과를 보일 수 있을 것이다.

스칸디나비아 국가사례와 같이 전국단위에서 보정의석을 산출한 후 정당의 개별 권역에 보정의석을 배분하는 방식은 우리에게 적합하지 않다. 더불어민주당과 같이 전국단위 보정의석이 없는 경우 권역단위에 보정의석 배분이 불가능해진다. 따라서 각 권역에 득표 비례로 할당한 후 권역별 할당의석 내에서 과대대표된 정당을 제외하고 나머지 정당을 대상으로 보정의석을 배분하는 방식이 바람직하다.

3. 연동형과 보정형 비교

연동형 선거제도는 높은 비례성으로 양당제가 초래한 정치양극화를 해소할 수 있는 개선대안으로 논의되어 왔다. 그러나 2020년 도입된 준연동형은 세밀하게 설계되지 못한 선거제도 개혁이 어떤 결과를 보이는지 명확히 보여주었다.

연동형은 보정형과 본질적으로 유사한 제도유형이다. 연동형과 마찬가지로 보정형에서도 초과의석이 발생하고 그 처리방식도 유사하

다. 그러나 연동형은 초과의석을 처리하는 과정이 복잡하다. 그에 비해 보정형은 단순명료하다.

연동형에서는 비례의석 비율이 낮으면 초과의석이 과다하게 발생하고 비례성이 낮아지기 때문에 비례의석 규모를 어느 정도로 정할지가 제도 설계의 난점이다. 실제로 연동형에서 비례의석의 규모와 비율을 어떻게 설정하는가의 문제는 제도설계의 성패로 인식된다. 그에 반해 보정형에서는 보정의석의 비율이 제도설계의 결정적인 요인으로 인식되지 않는다. 비례성을 최대화하기보다 불비례를 보정한다는 관점에서 제도설계가 이루어지기 때문이다.

2020년 총선에 연동형을 적용하면 비례의석이 47석일 때 초과의석은 51석이 발생한다. 비례의석을 줄일수록 초과의석은 늘어나 연동형의 효과는 떨어지는 것으로 평가받는다. 그러나 보정형은 비례의석을 줄여도 그 규모만큼 지역구선거의 불비례를 보정하는 효과를 달성하기 때문에 긍정적인 평가가 가능하다.

의석배분방식도 변경할 필요가 있다. 비례대표 의석배분방식에는 헤어-니마이어식, 동트식, 셍뜨-라귀식, 그리고 셍뜨-라귀식의 변형인 스칸디나비아식 및 덴마크식 등 다양하게 존재한다. 이 중 우리가 사용하는 방식은 헤어-니마이어식이다. 그러나 헤어-니마이어식은 비례성은 높게 나타나지만 연동형이나 보정형에는 적합하지 않은 방식이다. 일각에서는 의석배분방식간 의석수 차이가 1~2석에 불과해 배분방식 선정의 문제를 지엽적으로 보고, 우리에게 익숙한 헤어-니마이어식이 바람직하다는 시각도 있다(조기숙 1998, 168). 의석배분방식의 선택은 비례배분 결과만 얻기 위한 목적이 아니다. 어떤 정당이 득표 비례로 산정한 배분의석보다 지역구의석을 많이 가져가 과대대표되고 보정의석 배분에서 제외되는지 쉽게 구분하기 위해서는 헤어-니마이어식보다는 셍뜨-라귀식이 훨씬 적합하다고 할 수 있다.

무엇보다 보정형 설계에서 중요한 점은 전국보정보다는 권역보정이어야 한다는 것이다. 시뮬레이션 결과에서 알 수 있듯이 권역단위 보정방식일 때 거대 양당의 보정의석 점유가 가능해져 지역구도 완화에 유의미한 효과를 보일 수 있다. 권역 단위에서 거대 양당에 보정의석 배분이 가능하게 되면 위성정당 창당을 방지하는 효과도 기대할 수 있다.

보정의석의 규모는 적정 비율을 단정하기는 어렵지만, 현행 비례의

:: 연동형(스코틀랜드방식)과 보정형의 초과의석 처리는 어떤 점에서 다른가?

* 연동형이나 보정형은 모두 초과의석이 발생하는 구조는 유사하다. 초과의석은 정당득표율에 비례해 배분된 의석보다 선거구의석(지역구의석)이 많을 때 발생한다.

* 그러나 초과의석을 처리하는 방식은 다르게 인식된다. 연동형에서는 특정 정당에서 초과의석이 발생하면 초과의석이 발생하지 않은 정당의 비례의석을 초과의석수만큼 줄여야 총의석이 늘어나는 것을 막을 수 있다.

* 보정형에서는 초과의석이 발생하면 초과의석이 발생하지않은 정당에 보정의석을 초과의석이 발생하지 않았을 때보다 적게 배분하면 된다. 그러면 초과의석 발생으로 인한 총의석 증가를 막을 수 있다.

* 초과의석에 대한 인식도 다르다. 연동형에서는 초과의석이 발생하면 비례의석의 작은 규모가 원인으로 지목된다. 비례의석수가 충분하다면 초과의석이 발생하지 않기 때문이다.

* 그러나 보정형에서는 초과의석의 발생이 보정의석 때문으로 인식하지 않는다. 초과의석의 발생 유무와 관계 없이 정해진 숫자의 보정의석이 다 소진할 때까지 배분하면 된다.

석 비율보다는 확대할 필요가 있다. 다만, 처음부터 과도하게 확대하기보다는 대안모델의 유의미성이 검증된 후에 비례의석 확대방안을 제시하는 것이 합리적이다.

| 참고문헌 |

국내자료

강우진. 2020. "한국의 준연동형 비례대표 선거제도개혁과 집합적 전략투표 동원." 『현대정치연구』 13권 2호, 5-41.

김종갑. 2017. "2017년 독일 총선 결과와 향후 전망." 『현안보고서』 312호, 1-48.

김종갑. 2022. 『한국의 선거제도 개혁: 진단과 처방』. 서울: 경인문화사.

김종갑. 2012. "2011년 개정 독일선거제도와 한국적 적용방안." 『현대정치연구』 5권. 2호, 45-73.

김종갑. 2011. "정당득표와 의석점유의 모순: 독일연방선거법 개정논의를 중심으로." 『정책보고서』 10호, 1-45.

김종갑. 2018. "현행 지방선거제도 관련 주요 쟁점 및 개편방안: 지방의회 선거를 중심으로." 『입법정책보고서』 5호, 35-42.

김종갑. 2021. "현행 국회의원 선거제도의 유형적 특징 및 개선방안." 『비교민주주의연구』 17-1.

김종갑. 2016. "국회의원 비례대표선거 개방형 명부제의 특징과 시사점." 『현안보고서』 296호, 1-55.

김종갑. 2021. "독일 연동형 비례대표제 개정과 한국 선거제도에의 함의." 중앙선관위 선거연수원, 『시민과 정치』 제3호, 1-8.

김한나. 2019. "준연동형 비례대표제의 도입에 관한 비판적 검토: 「공직선 거법 일부개정법률안(의안번호 2019985)」을 중심으로." 『한국정당 학회보』 18권. 4호, 165-199.

김형철. 2020. "준연동형 비례대표제의 정치적 효과: 선거불비례성과 유효 정당 수를 중심으로." 『세계지역연구논총』 38권. 2호, 79-100.

남복현. 2020. "개정된 공직선거법상 비례대표 의석배분 방식이 지닌 구조 적인 문제점과 대안의 검토." 『법과 정책연구』 20권. 4호, 97-130.

음선필. 2019. "이른바 준연동형 비례대표제에 관한 헌법적 검토-국회 정 개특위 선거제도 개편안을 중심으로." 『홍익법학』 20권. 2호, 29- 62.

장영수. 2020. "개정 공직선거법에 따른 연동형 비례대표제의 헌법적 문제 점." 『공법연구』 48집. 3호, 167-192.

정연주. 2020. "개정 공직선거법의 문제점과 개선방안." 『유럽헌법학회』 32 호, 115-151.

정준표. 2014. "독일선거제도: 작동원리와 한국에의 적용 가능성." 『한국정 치학회보』 48집. 2호, 29-56.

조기숙. 1998. "새로운 선거구제도 선택을 위한 시뮬레이션 결과." 『의정연 구』 4권. 1호, 149-182.

조한석·박명호. 2020. "한국에서의 연동형 비례대표제 실험: 21대 총선을 통해 본 선거제도와 정당체제." 『사회과학연구』 27권. 3호, 204- 226.

진시원. 2020. "21대 총선 준연동형 비례대표제에 대한 평가와 과제." 『법과 사회』 64권. 0호, 41-73.

홍완식. 2020. "연동형 비례대표제의 입법적 개선에 관한 연구." 『법학연구』 28권. 3호, 293-316.

홍은주·박영환·정준표. 2021. "한국에서 연동형 비례대표제의 적용과 한계: 21대 국회의원선거의 시뮬레이션 분석." 『현대정치연구』 14권. 1호, 5-46.

국외자료

Balinski, Michel. L. and Young, H. Peyton. 2001. *Fair Representation: Meeting the Ideal of One Man, One Vote.* Washington DC: The Brookings Institution.

Benoit 2001, 478.

Benoit Kenneth. 2000. "Which Electoral Formula Is the Most Proportional? A New Look with New Evidence." *Political Analysis* 8(4): 381-388.

Diamond, Larry and Marc F. Plattner. 2006. *Electoral Systems and Democracy.* Baltimore: Johns Hopkins University Press.

Farrell, David M. 2011. *Electoral System: A Comparative Introduction.* New York: Palgrave Macmillan.

Ferrara, Federico, Erik S. Herron, Misa Nishikawa. 2005. *Contamination and its Consequences*. New York: Palgrave Macmillan.

Gallagher, Michael, Paul Mitchell. 2005. *The Politics of Electoral Systems*. Oxford: Oxford Univ. Press.

Herron, Erik S. and Nishikawa, Misa. 2001. "Contamination effects and the number of parties in mixed-superposition electoral systems." *Electoral Studies* 20-1. 63-86.

Kjaer, Ulrik and Elklit, Jørgen. 2014. "The Impact of Assembly Size on Representativeness." *The journal of legislative studies*. 20: 2, 156-173.

Lijphart, Arendt. 1994. *Electoral Systems and Party Systems: A Study of Twenty-Seven Democracies*, 1945-1990. New York.: Oxford University Press.

Linhart, Eric, Johannes Raabe and Patrick Statsch. 2019. "Mixed-member Proportional Electoral Systems – The Best of Both Worlds? Journal of Elections." *Public Opinion and Parties* 29-1. 21-40.

Linhart, Raabe and Statsch. 2019. "Mixed-member Proportional Electoral Systems – The Best of Both Worlds?" *Journal of Elections, Public Opinion and Parties* 29(1): 21-40.

Lundberg, Thomas Carl. 2013. "Politics is Still an Adversarial Business: Minority Government and Mixed-Member Proportional Representation in Scotland and in New Zealand." *British Journal of Politics and International Relations* 15: 609-625.

Massicotte, Louis, and Andre Blais. 1999. "Mixed electoral systems: a conceptual and empirical survey." *Electoral Studies* Vol. 18, Issue 3.

Nohlen, Dieter. 2009. Wahlsysteme in Reformprozesse. in Strohmeier, Gerd(ed.). *Wahlsystemreform*. Baden-Baden: Nomos. 45-80.

Pappi, Franz Urban·Herrmann, Michael. Überhangmandate ohne negatives Stimmgewicht: Machbarkeit, Wirkungen, Beurteilung, *Zeitschrift für Parlamentsfragen(ZParl)*, Heft 2/2010.

Raabe, Johannes. 2015. *Electoral Systems and the Proportionality-Concentration Trade-off: Promises and Pitfalls of Mixed Designs*. Kiel: PhD Dissertation, Christian-Albrechts-Universität zu Kiel.

Rae, Douglas W. 1967. *The Political Consequences of Electoral Law*. New Haven: Yale Univ. Press.

Shugart and Wattenberg. 2001. "Mixed-Member Electoral Systems: A Definition and Typology." Shugart, Matthew S., Wattenberg, Martin P. *Mixed-Member Electoral Systems: The Best of Both Worlds*. New York: Oxford University Press.

Strohmeier, Gerd. 2006. Wahlsysteme erneut betrachtet: Warum die Mehrheitswahl gerechter ist als die Verhältniswahl. *Zeitschrift für Politikwissenschaft* 2. 405-425.

인터넷자료

Bundesministerium Inneres. Nationalratswahl 2019. https://bundeswahlen. gv.at/2019/

Bundesverfassungsgericht. Entscheidungen.

http://www.bundesverfassungsgericht.de/entscheidungen/ cs20080703_2bvc000107.html.

Danmarks Statistik. "Opg ø relse af folketingsvalget den 5. juni 2019." https://www.dst.dk/valg/Valg1684447/other/Folketingsvalg2019_v5.pdf

Der Bundeswahlleiter. 2017. "Wahl zum 19. Deutschen Bundestag am 24. September 2017. Heft 3: Endgültige Ergebnisse nach Wahlkreisen."

Der Bundeswahlleiter. 2020. "Endgültige Sitzberechnung und Verteilung der Mandate bei der Bundestagswahl 2017." https://www.bundeswahlleiter.de/dam/jcr/dd81856b-7711- 4d9f-98dd-91631ddbc37f/btw17_sitzberechnung.pdf.

Der Bundeswahlleiter. 2021. "Wahl zum 20. Deutschen Bundestag am 26. September 2021. Heft 3: Endgültige Ergebnisse nach Wahlkreisen." https://www.bundeswahlleiter.de/dam/jcr/3f3d42ab-faef-4553- bdf8-ac089b7de86a/btw17_heft3.pdf

European Commission for Democracy through Law. 2017. "Report on Constituency Delineation and Seat Allocation."

https://www.venice.coe.int/webforms/documents/default.
aspx?pdffile=CDL-AD(2017)034-e

Folketinget. 2015. "Results of the Danish election."

https://www.thedanishparliament.dk/news/2015/06/2015_eng_results

Hawkins, Oliver. 2016. "Scottish Parliament Elections: 2016."

https://commonslibrary.parliament.uk/research-briefings/cbp-7599/

House of Commons Library. 2016. "Scottish Parliament Elections: 2016."

https://researchbriefings.files.parliament.uk/documents/CBP-
7599/CBP-7599.pdf

mbl.is. 2022. "Úrslit Al Þ ingiskosninga í september 2021."

https://www.mbl.is/frettir/kosningar/results/

Statistics Norway. 2018. "Storting election."

https://www.ssb.no/en/valg/statistikker/stortingsvalg

Statistik Burgenland. 2019. "Nationalratswahl 2019 www.burgenland.at/statistik."

Sveriges Riksdag. "Elections to the Riksdag."

https://www.riksdagen.se/en/how-the-riksdag-works/
democracy/elections-to-the-riksdag/

UNDP. 2013. "Evaluation of the Lesotho 2012 National Assembly Elections."

https://info.undp.org

VALG. 2021. "Stortingsvalg."

https://valgresultat.no/(menu:navigate)?type=st&year=2021

Valmyndigheten. 2018. "Beslut resultat val till rigsdagen 2018."

https://historik.val.se/val/val2018/slutresultat/R/rike/index.html

중앙선거관리위원회 선거통계시스템. 당선인통계. http://info.nec.go.kr/

　현행 준연동형 비례제의 문제점은 명확하다. 단순히 의석배분과정이 난해하고 초과의석 처리방식이 불분명한 문제를 넘어 의석배분의 오류들이 확인된다. 준연동형에서는 연동형과 병립형이 고유한 특성을 온전히 발현될 수 없게 결합되었고, 헤어-니마이어식의 적용이 정확하지 않았다. 또 조정의석 산정의 기준도 연동형의 설계원칙에 반한다. 이러한 흠결들은 준연동형이 연동형의 요소를 접목시켰음에도 연동형의 효과가 나타나지 않게 만들었다. 시뮬레이션 분석에서도 알 수 있듯이 준연동형은 연동과 병립의 특성이 불규칙하게 나타나는 왜곡된 방식이다.

　준연동형에 심각한 오류가 내재되어 있는 이유는 기본적인 원칙을 준수하지 않았기 때문이다. 선거구 단위에 따라 의석배분방식을 달리 적용할 수는 있다. 예컨대, 전국단위 배분에는 최대잔여식인 헤어-니마이어식을 적용하고 선거구 단위에는 최고평균식인 셍뜨-라귀식을 적용할 수도 있다. 의석배분 단위에 따라 봉쇄조항을 차별적으로 설정하는 것은 선거제도 설계에서 허용될 수 있는 부분이다. 그러나 당선인 결정방식을 득표결과에 따라 선택적으로 적용되게 하거나, 준연동형처럼 연동형과 병립형을 혼입하는 것은 득표와 의석 전환의 메커니즘을 왜곡시켜 선거제도의 단조성(monotonocity)에 위배되는 것이다.

준연동형의 문제점이 전적으로 위성정당의 창당에 기인한다고 보는 인식은 잘못된 것이다. 위성정당 창당은 준연동형의 문제가 아니라 연동형 일반의 문제로 보아야 한다. 준연동형의 오류를 수정하는 문제와 위성정당 창당을 억제하는 것은 별개로 논의되어야 한다.

준연동형은 지역구선거의 불비례성 완화, 의석배분의 용이성과 제도적 수용성 및 안정성 그리고 위성정당 차단의 실효성을 높일 수 있는 방향으로 개혁되어야 한다. 그런 점에서 볼 때 (준)연동형보다 보정형이 현실적으로 유용하고 합리적인 방식이다. 보정의 개념적 정의는 득표와 의석점유의 불비례를 일정 규모의 비례의석을 이용하여 완화하는 것을 말한다. 같은 보정형이라도 어떤 방식으로 설계하고 어떤 요소들로 구성하는가에 따라 제도효과는 상이하게 나타난다. 예컨대, 배분방식, 나눔수 설정, 보정의석 비율, 봉쇄조항의 크기, 보정의석 산출 단위, 권역의 수 등에 따라 효과가 달라진다. 의석배분방식의 경우 보정방식에서는 정당간 배분의석과 지역구의석의 차이를 파악하기 용이한 최고평균식이 유의미하고, 그중에서도 비례성이 높은 셍뜨-라귀 식이 바람직하다. 보정은 전국단위에서 실시하는 것이 일반적이지만, 의석의 지역편중을 완화하고 보정효과를 높이기 위해서는 전국단위 보정보다는 권역단위 보정이 바람직하다.

보정의석의 규모는 현행 비례의석보다 현격한 차이를 보일 정도로 크게 설정하는 것은 옳지 않다. 보정의석의 적정 비율은 권역보정 시뮬레이션에서 더불어민주당의 대구·경북권 보정의석이 3석에서 4석 으로 처음 증가하게 되는 지역구의석과 보정의석의 비율 3.4:1의 지점 에서 정하는 방안을 검토해볼 수 있다. 3.4:1은 지역구의석 248석, 보 정의석 72석으로 총의석을 320석으로 설정하는 방식이다. 320석 내에 서 지역구의석을 소폭 줄이고 비례의석을 확대하는 논의도 해볼 수 있 을 것이다.

스칸디나비아 국가들은 정당의 파편화 방지와 정당체계의 응집성 을 고려하여 보정의석 배분대상 정당에 득표율 요건을 설정하고 있다. 그러나 우리의 경우 권역단위 보정에서 봉쇄조항은 소수정당의 보정 의석 배분을 어렵게 할 수 있으므로 도입하지 않는 것이 타당하다.

연동형이나 보정형 모두 비례의석의 비율이 낮으면 초과의석이 과 다하게 발생하여 비례성이 저하될 수밖에 없다. 그러나 보정형은 불비 례성을 완화하는 취지로 설계되었기 때문에 보정의석(비례의석)의 규 모에 크게 구애받지 않는다. 그러나 연동형은 그렇지 않다. 비례의석 이 적으면 과다한 초과의석의 발생으로 연동형이 작동하는데 장애가 초래된다고 인식한다. 따라서 낮은 비례의석 비율은 연동형의 설계와 운용에 큰 부담이 된다.

보정형을 권역단위에 적용하면 거대정당의 위성정당 창당을 억제하는 효과도 보일 수 있다. 전국단위가 아닌 다수의 권역으로 분할하면 거대정당이 위성정당을 권역마다 만들기는 현실적으로 어려움이 있다. 또한 권역단위에서는 비례의석 점유율도 낮아지기 때문에 거대정당으로서는 위성정당 창당을 통해 얻는 실익이 낮다고 판단할 수 있다. 여기에 비례대표 후보추천과정을 엄격하게 하는 절차가 입법화된다면 위성정당 차단의 실효성을 높일 수 있을 것이다.

국회의원 선거제도 개혁: 독일을 넘어 스칸디나비아로

초판 1쇄 인쇄 2023년 01월 13일
초판 1쇄 발행 2023년 01월 20일

지 은 이   김종갑
발 행 인   한정희
발 행 처   경인문화사
편   집   김윤진 유지혜 김지선 한주연 이다빈
마 케 팅   전병관 하재일 유인순
출판번호   제406-1973-000003호
주   소   경기도 파주시 회동길 445-1 경인빌딩 B동 4층
전   화   031-955-9300   팩   스 031-955-9310
홈페이지   www.kyunginp.co.kr
이 메 일   kyungin@kyunginp.co.kr

ISBN 978-89-499-6681-6 03340
값 16,000원